华夏智库

HUA XIA ZHI KU

华夏智库·企业培训丛书

不对称动机商业模式

——演化博弈系统

王靖飞 著

经济管理出版社
ECONOMY & MANAGEMENT PUBLISHING HOUSE

序

钱，真的越来越难赚吗？

目前国内终端零售商的进货折扣，通常都是五折，假设不考虑库存和销售折让的问题，也就是进多少卖多少，一件不剩全部卖光，而且一分钱折扣不打，那么回报率也并不理想。比如，一家店铺一年的“管销费用”是100万元，那么要想达到盈亏平衡，至少也得进货100万元。如果想把这100万元的投入赚回来，那么至少得进200万元的货，并且在不打折的前提下全部卖完，才能达到预期的100万元的“税前净利”，当然，此时由于没有库存成本，现金收益也为100万元。在这种情况下，如果年度进货额达不到“管销费用”的两倍，并且在不打折的前提下全部卖完，则回报永远小于投入。

这笔账不难算，但很多人不敢算，再算下去，生意就不能做了。道理很简单，地球人都知道，一分钱折扣都不打，一件都不剩地实现“完全销售”的目标，无疑是痴人说梦、天方夜谭而已！

事实上，目前零售终端的生存状况，按心赢销的观点，正面临着“下顶上压”的尴尬局面。

所谓下顶，就是终端各项成本极速上升，除了2011年起由于原材料成本如棉花等及加工成本如工人工资等的大幅上升，而导致“零售品牌价行业性提升”所带来的进货成本增加外，“管销费用”的上涨给予零售终端的压力更为巨大。

以店租为例，众所周知，店租与转让费就像女人的高跟鞋，越来越高，而租期就像女人的超短裙，越来越短，以至于执业者常常发出这样的感叹："辛辛苦苦干一年，原来是在帮房东打工!”而比“帮房东打工”更为可怕的是，无论你生意好坏，房东却似乎永远旱涝保收，皇帝的女儿不愁嫁，市场上也似乎总有不怕死的主儿动不动就通过高价来挖店，涨店租。

另外，营业人员薪资、水电物业、税务等各项成本同时上升，除了不拿钱当回事的主儿，对于那些想通过认真开店养家致富的业主，不狠狠地拿出些血汗钱甚至东借西凑，不要说赚钱，就是想要开出一家店来，也可谓难上加难!

所谓上压，则是指销售业绩停滞不前甚至呈现下滑趋势。假如销售业绩的上升速度能够与运营成本的上升成正比，甚至超过运营成本的上升速度，那么，下顶的压力自然就可以化解不少。这是因为，假如店租涨20万元而利润增加30万元，至少还是保持着良性的发展。但现实总是残酷的，与终端成本极速上升同时而来的，却是销售业绩的停滞不前甚至全面下滑。

这诚然有多方面的原因，但无论如何，店铺选址、布局、装修、陈列、商品、品牌、价格、员工等方面的全面同质化所导致的促销日常化、特价正常化，以及零售折扣的持续走低，却是不争的事实。

此外，在微利化时代，同质竞争者日众，市场利基遭侵蚀，销货毛利又因折扣战而被压缩；相对地，场地租金等管销费用与存货成本却又日渐提高，使得业绩上不去，成本下不来。

在这种上压、下顶的困境中，微利化时代的终端经营者的一致感受是:

“生意，越来越难做了；钱，越来越难赚了！”心赢销观点认为，在营收下滑、成本上升的双重压力之下，店铺的“盈利空间”正在被大幅度地压缩，那些经营管理机制不善、“体质不良”的终端店铺，会一家接着一家关门。当然，从积极面来看，这种零售终端的“洗牌”，将会使得店租呈现可预期的止涨甚至下降趋势，但无论如何，“终端盈利”仍面临着前所未有的挑战。

形势逼人，但钱真的越来越难赚吗？未必！以小博大、以弱胜强正是绝大多数中国企业所面临的极具挑战性的一个问题。对这个领域进行深入的研究不但有必要，而且非常迫切。因此，本书从选择商业模式的动机、自身定位，以及经营过程中的营销策略、创新、竞争等方面进行了全面深入的阐释，给出了切实可行的有效的解决办法，帮助终端经营者摆脱困境，步入正常的发展轨道。

目　录

第一章　商战，怎么做比做什么更重要

企业做什么并不重要，关键是怎么做，要能创新商业模式。那些从事媒体行业的各家公司、依靠版权开展业务或销售广告的公司、大型零售商，以及银行、邮局、电脑生产商、大型制药公司、音乐行业、电信行业等，都需要一个全新的商业模式。而这个商业模式，几乎都需要经过一段很长时间的摸索才能找到。

经营企业的第一步选择尤为关键，它决定了第二步的发展空间。也就是说，如果你选择对了“怎么做”的商业模式，那么将会为你以后的发展产生“加速器”的效应。

不对称动机，商界赢家与输家的分水岭

一般来说，企业盈利难大多是因为不对称动机所致。商业领域的不对称，是指进行挑战的企业利用被挑战者所固有的弱点而采取的一系列战略行动，让被挑战者无法做出有效的反应，从而形成有利于挑战者而不利于被挑战者的局势。

“不对称”是商界的热门词汇，其深远的意义在于如何改变商业模式，为如何赚钱这个基本问题找到一个全新的答案。假设你的商业模式不再奏效，即使这种模式已经奏效了几十年，但也有可能很快就会过时。在这方面，麦当劳就是一个典型的例子。

在中国，人们可能还对麦当劳在中国开分店感兴趣，并将吃麦当劳、汉堡包作为中国同世界接轨的标志。但在大部分国家和地区，包括很多发展中国家和地区，人们对麦当劳的态度已经是“麦当劳？早去过啦”，对它也早已没了胃口。

美国的《新闻周刊》在2002年12月24日说，麦当劳是美国征服全球的象征，但人们很容易忘记麦当劳最初走出美国迈向全球时候在各国受到的欢迎：当麦当劳于1974年在英国伦敦开设分店时，英国人排队数小时等待第一次尝试麦当劳；在1989年柏林墙倒塌不久，麦当劳进入莫斯科，俄罗斯人视之为某种意义上的解放；1994年麦当劳在科威特开设不用下车就可以购买麦

当劳的窗口时，科威特人在麦当劳店前排的车队长达 7 英里。然而，就是这样一个庞大的跨国公司却出了问题。

据《江苏经济报》于 2003 年初报道：最近麦当劳宣布，由于销售下降和关闭餐馆开支，麦当劳将出现上市交易 37 年来的历史上首次季度亏损。麦当劳宣布，继 2001 年关闭 163 家分店之后，将计划再关闭 175 家分店。

自 1955 年以来麦当劳一直着魔似的热衷于高速扩展，单在 1996 年一年中，麦当劳就在海外开设了 2000 家分店。在美国商学院中，麦当劳的商业模式被视为公司如何走向全球并取得成功的典型案例。但一些分析人士认为，麦当劳不应该再开设分店，相反应该再关闭数百家分店。竞争战略大师迈克尔·波特说："企业要想繁荣的话，重要的问题并不是你在哪个产业竞争，关键在于你如何竞争。"

麦当劳的经营管理有非常多的地方值得我们深入研究，麦当劳的商业模式更是值得深入研究并引起我们深刻思考。

从经济层面来看，商业模式的崩溃受到几股力量的推动。成功模式带来的认知盲点、"趋利避害"的理性动机弱点以及建立成功模式形成的能力刚性，这些固有的弱点是重要的内因。相比之下，最重要的是信息技术，它带来的直接后果是彻底改变了所有以信息为基础的产业。由此产生的二级效应是，信息技术使大多数产业的出现或变革来得更加便捷和迅速。此外，信息技术还大大推进了其他趋势的进程和程度，如新兴市场的崛起、政府日益重要的经济角色以及消费者口味的变化，都对企业选择商业模式产生了重要的影响。

如果选择商业模式只是一代人的难题，那么你尽可以邀请几个高明的顾问把一切都搞定。但在如今的环境下，不对称创新模式的生命周期不会等同于之前的旧模式。在这方面，亚马逊就是创新的标杆。

亚马逊的创新模式就是网上书店，后来其网上书店发展为其他书商的大卖场。接着，亚马逊开始提供与基础设施配置需求截然不同的其他产品，比如服装、电脑，开始销售电子书、音乐、电视节目以及在线电影，创建自己的品牌设备，如电子书阅读器 Kindle 和平板电脑 Kindle Fire，为客户公司提供网站服务；现在又开始投资上亿美元录制原创节目，同时打造用于当日送货的食品仓库和其他商品仓库。亚马逊在这个过程中到底采用过多少种商业模式，我们数也数不清楚，我们只知道，它的商业模式在不断变化。

麦当劳和亚马逊的例子说明，一个企业要“摆脱昨天”，就要发挥想象力，不受短期利益的诱惑，打造“文化”这一企业灵魂，以适应新的变化，获得生存和发展。从长远的观点来看，不对称动机将成为未来赢家与输家的分水岭。

eBay被淘宝打败——不对称动机商业模式的范本

2006年12月20日，eBay和TOM在上海宣布双方将合资成立电子商务公司，eBay持有合资公司49%股份，TOM在线持股51%。这标志着eBay撤出中国市场，eBay和阿里巴巴旗下的淘宝网3年多的市场霸主之争以淘宝网的胜出而告终。eBay公司的掌门人惠特曼在接受媒体采访时说：“在对接eBay全球交易平台的过程中，竞争对手抓到了可乘之机。”他认为他们遇到了强大而灵活的竞争对手。阿里巴巴创始人马云则这样说道：“不是淘宝做得足够好，而是eBay给了我们太多机会。”马云的结论是有事实依据的。

淘宝宣布3年不收费，这是淘宝与eBay易趣之间最大的差异，也是淘宝取胜的法宝。坚守收费阵地的eBay易趣认为，促进有效交易才是集聚人气最有益的方式，早在2001年第三季度易趣便开始收费。eBay易趣首席运营官郑锡贵曾说eBay易趣要肩负起净化市场的重任。淘宝则认为，C2C网站当前的重任是用免费来培育市场、壮大市场。

红酒刚开始进入中国时，人们喜欢用雪碧兑着喝，现在已很少有人这样喝了。如果当时一定要按西方的喝法来享用红酒，可能红酒很难在短期内打开中国市场。这说明时机很重要，好的东西关键在于什么时候端上来最恰当。

免费，应是淘宝的优势，不过有利必有弊。“易趣费钱，淘宝则费时间。”不少用户这样抱怨。例如，卖家需要挂在淘宝旺旺上，因为中国人喜欢问清楚再购买，喜欢砍价，这样增加了成交量，却耗费了时间。此外，淘宝要求卖家发帖赚银币等策略，也耗费用户时间，有些卖家宁愿选择付费来经营网上小店。不过，毕竟买家欢迎“免费的”，淘宝的人气就是这样积累起来的。

面对淘宝的步步紧逼，在免费还是收费的争执中，eBay 易趣有了新的举动。2005 年 5 月 1 日，eBay 易趣开始了有史以来最大的降价活动。商品登录费下调幅度从 20% 至 60%；橱窗展示变为免费；普通店铺月租费从 50 元下调至 35 元。而这次降价也是 eBay 易趣 2004 年 2 月 3 日调整收费以来第二次收费机制的大变动。

无论免费，还是降价，整个网站的运营，都需要背后强大的资金支持，而 eBay 易趣与淘宝都“不差钱”。2005 年 1 月，eBay 宣布对易趣追加投资 1 亿美元。2005 年 10 月 20 日，在 eBay 公布其第三季财报的同一天，阿里巴巴宣布向淘宝增资 10 亿元人民币，并决定淘宝网继续免费 3 年。eBay 不屑于淘宝坚守的免费策略，其回应是：“免费不是一种商业模式，淘宝网宣布在未来 3 年内不对其产品收费，充分说明了 eBay 在中国业务发展的强劲态势。”

淘宝的免费策略到底要使用到何时，还需要根据 C2C 市场的成熟程度来调整，如今这个市场上的付费卖家依然由 eBay 易趣培养而来。不难看出，免费，是淘宝的撒手锏，也是衡量 C2C 市场发展程度的一杆秤。

为什么在同样的机会面前，强大对手有时会无动于衷？在具备优势资源实力或优越的市场地位的条件下，他们反而与机会失之交臂呢？大量事实表明，相对弱势企业的生存发展机会，一方面取决于在市场机会面前自身的努力，另一方面则取决于强大对手是否给你这样的机会。成功的挑战者所采取的战略行动，都是在有意或无意之中，一方面为客户创造了价值，另一方面则利用了强大对手优势中所固有的弱点，创造出了令强大对手无法有效回应的不对称局势，从而在实力不对称的竞争中赢得了生存、发展和壮大的机会。淘宝取胜的关键就是充分利用了对手成功模式所形成的认知盲点等固有弱点，从而才有了既能为客户创造价值，又能创造不对称局势的战略行动，并获得胜利。

自信的 eBay 基于过去的成功经验，将其在全球其他市场中的成功模式复制过来，对中国市场中的主流客户不闻不见，选择了现阶段只占少数的对国际电子商务交易有浓厚兴趣的客户作为目标客户，从而形成认知盲点，最终曲高和寡，市场份额拱手让人。相比之下，淘宝正确选择了主流的目标客户，对目标客户定位的认知不对称，而非比对手在服务同一目标客户时做得更好，令其无法与其争锋，从而取得了最后的胜利。这就是小淘宝打败大 eBay 的根本原因。

eBay 另一个认知盲点就是对于自己屡试不爽的收费模式和先发优势理念过于自信。淘宝采用免费策略来破坏 eBay 的盈利模式，抓住对手“避害”而迟迟不愿回应的动机弱点，让淘宝的优势不断扩大。在长时间经历市场份额不断下滑的痛苦后，eBay 最后宣布取消交易服务费，但大势已去。

从实践来看，挑战者可以创造的不对称局势有五种类型：

一是信息不对称局势，是指挑战者和强大对手之间“我知道你，你不知道我”的非竞争局势。创造这种局势，挑战者能够躲在“对手的雷达扫描半径之外”，在资源和能力相对薄弱的情况下，获得宝贵的生存发展机会。比如，有一家日化消费品企业，其策略就是要成为强大对手的“隐形竞争者”，竭力避免出现在日化消费品的市场调研报告中的销售前十位，从而做到“形人而我无形”。当企业服务的客户是普通大众时，信息不对称局势具有一定的局限性，一般只能作为早期特定阶段的整体战略构成的一部分。

二是认知不对称局势，是指挑战者利用强大对手现有的成功模式这副“有色眼镜”蕴含的认知盲点，选择强大对手不会玩的新游戏，或者在竞争中创造属于自己并且让强大对手看不明白或不认可的全新游戏规则，来达到摆脱竞争的目的。萨姆·沃顿于1962年开设第一家沃尔玛商店时，就创造了这种认知不对称局势。当时的美国几大零售巨头都认为，在美国南方5000～25000人规模的农村小城镇，运营折扣零售店是不可能盈利的，因为这种做法同折扣零售业的“行业常识”相违背。沃尔玛就是这样在没有强大对手竞争的市场中快速发展起来。

三是优先级不对称局势，是指挑战者和竞争对手之间对同样一个市场机会的重要性，给予不同的优先顺序从而形成不对称局势。通过选择对手看不上眼、优先级别低的领域，让对手不重视，挑战者就可以避免和对手过早地发生正面冲突，同时找到自己生存发展的空间。优先级不对称局势的应用在中国市场最典型的表现就是“农村包围城市”策略，如华为、纳爱斯、奇强、舒蕾、华龙、联想、力帆、娃哈哈非常可乐等企业，都是选择了强大对手所不重视也就是优先级低的市场作为突破口，从而赢得了最初生存的空间。

四是意愿不对称局势，是指挑战者利用强大对手“避害”的理性动机弱点，通过采取进攻性的战略行动，让对手因不情愿做“自我残害”的事情而犹豫不决，让强大对手考虑到自身的既得利益而陷于尴尬两难的境地：无所作为，就会让挑战者发展壮大或自己丢失份额；反击跟进，则会影响自己的收入，破坏自己积累的有形或者无形资产。因为意愿不对称局势，在进入MP3时代后索尼把市场领导位置拱手让给了苹果公司。MP3技术对索尼来说易如反掌，但是索尼的唱片业务却令其陷入尴尬境地。由于 MP3 音乐可通过互联网免费下载，所以索尼如推出 MP3 播放器，就意味着对其唱片业务构成伤害。因此索尼迟迟不能顺应市场大势，不肯推出自己的 MP3 播放器从而错失大好时机。

五是能力不对称局势，是指挑战者利用强大对手在发展壮大、建立成功模式的过程中所形成的能力上的内在弱点，做对手做不了或者做不好的事情。佳能成功挑战施乐，就是通过选择小型桌面复印机这个全新的市场，从而让施乐的优势能力不能在新的战场上派上用场。施乐的工程师擅长设计性能卓越、功能复杂的高速大型复印机，但是为了迎接佳能的挑战，不得不学习研制构造更为简单、成本低廉的小型复印机。施乐过去一直采用直销方式，擅长管理直销队伍，但是现在不得不同时管理直销和分销队伍，并学习如何管理分销网络。此外，施乐的营销部门面对新的变化，还需要研究怎样在低端复印机市场上提升施乐的品牌知名度，在巨大的市场压力下放弃了这部分市场。

概括起来，在上述五种不对称局势中，创造信息不对称局势和优先级不对称局势就是想办法如何“躲”，而创造认知不对称局势、意愿不对称局势和能力不对称局势则是想办法如何“打”。

强调不对称局势，但是也不能忽略客户价值。只注重创造不对称局势，仅仅锁定竞争对手，而忽略为客户创造价值，不对称创新没有任何意义。只注重创造客户价值，而忽略不对称局势的创造，对于挑战者来说，就等于是自己“栽树”，让领先者“乘凉”。要想以弱胜强，后来居上，挑战者所采取的任何战略行动，必须坚持创造不对称局势和客户价值并重的原则。

利用行业变化趋势对在位者发起进攻往往是比较好的时机，因为趋势上的变化最容易让优势企业的竞争优势变为劣势、资产变为负债。而在变化的环境面前，越是原来优势的企业，适应环境变化而进行变革的意愿越差。当快速变化、错综复杂越来越成为很多竞争性行业的基本特征时，如何抓住变化中的机会形成不对称局势就变得非常重要。

汇源“无菌冷灌装”无人买账
——竞争资源选项的错误

在销售过程中，也许我们已经在定位组合中找到很多看上去很不错的卖点，但是我们还必须清楚的是：你的消费者究竟在乎什么，不在乎什么？不要仅看表面，还要探究其内心的核心部分。只有弄清楚这些问题，才能最终确定你对于消费者兴奋点把握的准确性，否则你就容易犯下幼稚的错误。

曾经有人从德国引进了很苦的黑啤酒到中国来卖，他们说，经过调查发现，一大批中年消费者经历了诸多人生挫折和磨砺，人生的味道其实就是带着一些苦涩的，因此他们更喜欢品味厚重的带苦涩的味道，就像他们乐于品尝不加糖的咖啡一样。于是决定向这个群体推广这种苦味的黑啤酒，但是却以失败告终。

为什么失败呢？因为啤酒原本就是体现男人“豪饮”气魄的酒，其实中年消费者更需要的是酒味的醇正和喝酒时的豪爽。如果啤酒是苦的，那么他们怎样下咽？这跟他们在灯光幽暗的咖啡屋，静静地品味苦涩的咖啡的意境，根本就是两码事，怎能相提并论！须知，咖啡本身就是一种在静谧、幽雅中享受生活的文化。这跟大口豪饮的啤酒能一样吗？除非中国也同德国一样，在民间有着深厚的啤酒文化积淀，但遗憾的是，这些环境和消费习惯在当今的中国都不具备。

错误在哪里？道理很简单，他们把这个消费群体对生活的感悟和消费习惯放错了位置，难道中年人为了表现自己生活的磨砺和挫折，就会使劲喝苦啤酒吗？实在不是一般的表错情。

无独有偶，汇源果汁推出的“PET无菌冷灌装技术”也出现过同样的错误。

其实也真难为汇源了，营养、健康、新鲜、原汁原味各条战线都有强敌占据，可口可乐、统一、康师傅、养生堂、屈臣氏个个虎视眈眈。为了能够突破困局，汇源才决定从包装灌装技术改良入手，推出“PET无菌冷灌装技术”的汇源鲜果汁。

显然，汇源集团为它的果汁系列产品推出“PET无菌冷灌装技术”的目的，就是试图通过技术上的改良，迎合消费者对果汁饮料新鲜的需求，通过技术洗牌，在目前竞争惨烈的果汁市场上博得一席之地。那么汇源的技术革新战略能奏效吗？无疑，汇源试图通过推广自己的PET无菌冷灌装技术，向消费者集中诉求保鲜——新鲜——绝对原汁原味的概念。其实，在这个概念上，几乎所有的果汁品牌都在通过多种策略向消费者灌输这一诉求。例如，康师傅果汁鲜的每日C——连果子都爱喝的果汁（原汁原味、新鲜）；农夫果园——喝前摇一摇（原汁原味、高浓度、新鲜）；统一鲜橙多——多C多漂亮（新鲜、高营养）；娃哈哈“高钙果C”——娃哈哈果汁，我喜欢（四种新鲜水果+营养钙）。

于是，汇源决定直接从产品的包装上下手，在汇源果汁的命名上我们就能看出汇源突出新鲜概念的用意。

汇源的矛头直指所有竞争对手，你们不是都标榜自己的果汁新鲜吗？好，那我就来个直截了当——真鲜橙。其用意昭然若揭，我的果汁是货真价实的鲜橙，比你们的更新鲜、更原汁原味。在真鲜橙的广告片中，我们清晰地看到了这样的表现手法，画面表现是由两个橙子来演绎的。在画面上，一个是采用传统的热灌装技术包装的，而另一个是采用汇源无菌冷灌装技术包装的。采用传统热灌装技术包装的橙子表皮枯干，显然已经丧失了新鲜，而采用汇源无菌冷灌装技术包装的橙子则依然新鲜欲滴。那么，汇源这次技术革命能引发消费者的兴奋吗？说实话，难！

首先，我们来看果汁市场的主要消费群体是谁？从各主流品牌的诉求我们能清晰地看出，果汁产品的消费者大多是青年时尚男女和少年儿童。从汇源请“野蛮女友”全智贤做形象代言的举动来看，汇源果汁无疑也把目标定位在这群青年时尚男女身上。那么，这些年轻的消费者会对无菌冷灌装这个所谓的“保持新鲜和营养成分”的诉求感兴趣吗？

我们来设想一下，这些N世代（网络世代）的年轻人会在口渴或休闲消费果汁饮料时，首先考虑其是否新鲜和保持了多少营养成分吗？显然可能性不大！你见过多少十几岁的青年人冲进超市，边走边吆喝：“我要那种新鲜的果汁！”几乎没有。因为在他们选择饮料的瞬间，脑子里总会先冒出一连串时尚的身影和做派。而更留意和关注保鲜和营养成分的消费者，大多是一些年龄在25~40岁的白领和一些喜欢喝果汁饮料的中年消费者。

作为主流消费者的N世代的年轻人，则大都被果汁类产品的“时尚”、“酷”、“美丽”、“可爱”的概念所吸引。要不怎么可口可乐、统一、康师傅、娃哈哈都忙不迭地请来任贤齐、梁咏琪、孙燕姿等一大帮人气明星帮助叫阵呢？试想一头是热气腾腾的青春火热，另一头却是冷冰冰的“无菌冷罐装”，汇源的新卖点怎能让消费者兴奋呢？

另一个令人担心的问题是，无菌冷罐装不过是增添一套设备罢了，以可口可乐、统一、康师傅的实力，要上一套无菌冷罐装的设备简直易如反掌。即使这些企业上了无菌冷罐装设备，也不可能大肆宣传，只是把它当做一个常规生产设备改良来对待而已。可是对于汇源来说，可就不只是一套设备那么简单了。

汇源的失误在于，错把只要有钱就家家可为的设备改进当做了建立竞争优势的筹码。须知，一个企业阶段性可保持的竞争优势，一定要是竞争对手一时难以模仿的。那么无菌冷罐装能达到这个要求吗？显然很难！看来，汇源的这个为目标群体发掘出的“兴奋点”并不被大家买账。

第二章　你想成为什么？
——动机不同，结果不同

一头狮子在追一只兔子。狮子追得气喘吁吁，但最后兔子还是逃走了。狐狸见此情景不免幸灾乐祸，对狮子说："都说你是百兽之王，可你连一只兔子也追不上。"狮子苦笑道："没办法，我是在为一顿午餐而跑，而它则是为一条命而跑，我怎么能跑得过它？"

这个寓言让人想起克里斯坦森经常谈到的一个概念"动机不对称"。他注意到，面对新市场，实力强大的公司并非毫无察觉，有时甚至相当重视，信誓旦旦地谋求转型，但总是一再错失良机，种种动作和努力最终归于沉寂。相反，那些实力与其不可同日而语的新生企业却能与新市场一起快速成长，对它们形成直接的威胁。

一只兔子在狮子眼中只是可供选择的许多份午餐中的一份，而对于兔子来说，一旦被狮子盯上，除了竭尽全力地逃跑，它别无选择，除非它自愿选择死。换一种情景，如果狮子知道除了兔子它没有别的东西可吃，而且不吃这只兔子就会饿死，那么它奔跑的动机就与兔子是对称的，兔子也就在劫难逃了。

由此可以看出，无论对初创企业还是对成熟企业，战略的重要性都是不言而喻的。但在确立战略的时候，弄清楚你的战略是事关"午餐"还是事关"一条命"，这比战略制定本身重要得多。

动机目标取向，重在对客户价值进行双向界定

动机目标体现战略结构所期望的结果，它包括客户价值取向、经济价值取向和战略动机取向。客户价值取向是隐藏在客户购买行为背后的动机，为了建立战略结构，必须清楚客户在为何种价值掏腰包。经济价值取向是指预期能够增加股东财富的某种特定结果，公司不仅要关心产品的市场份额与增长，而且必须为股东创造价值。战略动机的概念是哈默尔和普拉哈拉德 1989 年提出来的，它是公司的非对称战略竞争目标，隐藏于战略背后，贯穿公司文化和经营全过程，作为一个动机性因素发挥作用。战略动机取向目标简明扼要地提出公司在既定的竞争市场中的定位，阐释公司战略动机，反映公司战略动机结果。

企业的动机目标取向，最重要的前提就是懂得什么叫客户价值并对其进行界定。国外学者关于“客户价值”的说法主要有两种：一种是企业为客户创造价值，其受益者和所有者是客户；另一种是客户为企业创造了价值，其受益者和所有者是企业。

客户价值的方向性区别对于理解客户价值的内涵、建立企业与客户的双向性关系以及倡导企业与客户之间互动和双赢，具有不同的意义和影响。不管是强调客户价值是由企业创造、流向客户、其受益者和所有者都是客户，还是强调客户价值是由客户带给企业、由客户流向企业、其受益者和所有者

都是企业，都单纯地强调了“客户导向”条件下，企业为追求市场份额而不得不一味地想方设法讨好客户，追求客户满意。只注重客户满意的企业，关注的是如何使购买自己产品或服务的客户感到满意，很少关注竞争对手与其客户的情况。这样形成的企业与客户之间的关系，是以静态的“单方取悦”来获得客户对自己产品的忠诚。这曲解了现代关系营销理论强调的企业与客户之间的互动关系。

显然，对客户价值的方向性界定，应表现为双向性，缺少或单独只选一个方向都是不成立的。这种双向性的确定，既是为了对客户价值概念的明确，也是为了体现在关系营销中客户与企业的双向性、共同创造价值并获得双赢。

客户价值的内涵应表现为：一方面，企业在充分考虑了客户的期望价值之后，通过其所提供的产品和服务，使客户获得符合自己期望的让渡价值，并产生满意感，形成重复购买意向和行为，并且相信只有该企业能够为他们提供最高让渡价值，而不受竞争者的诱惑，从而对该企业提供的价值产生忠诚；另一方面，企业不仅从客户那里获得一次性交易的利润，而且在与客户保持的长期关系中获得更多的利润，如忠诚客户向他人推荐的口碑利润、因转移成本降低而带来的利润以及客户终身价值等。

因此，从客户角度出发，客户价值即客户让渡价值，是指客户期望从某一个特定的产品或服务中获得的一组利益及其在评估、获得和使用该产品和服务时引起的预计费用之差。该组价值是由企业创造并交付给客户的，价值的感受主体是客户，受益者也是客户。从企业角度出发，客户价值是客户在时间上带给企业的利润最大化，是企业在发展、培养和维持与特定客户在特定关系时期内，由客户带给企业的一组利益，即关系价值。该组价值是由客户提供给企业，并且是在一定的时间过程中产生的，其感受主体和受益者是企业。因此，客户价值与关系价值有着一定的区别和联系。

客户价值与关系价值的区别在于从价值获得途径、价值构成等方面反映出客户价值与关系价值的不同。客户价值是客户从企业提供给客户的产品与服务中获得的，价值的大小由客户对价值的认知程度，以及客户对该类产品和服务与竞争对手进行比较后决定的。而关系价值则是企业通过在为客户提供让渡价值的基础上，努力实现该客户与企业保持足够稳定的关系，在关系处理中通过多次交易所能给企业带来的价值。另外，客户价值与关系价值的构成也不同。客户价值是由总客户价值与总客户成本构成。而关系价值则是由企业在与客户关系的保持中所能够获得的关系盈利价值、关系生命周期价值、客户终身价值和推荐价值等构成。

客户价值与关系价值之间虽然存在着区别，但两者关系十分密切。客户价值与关系价值是一个价值创造过程的两种活动结果。在这个价值创造过程中，企业与客户同时既为创造者又为受益者，缺少任何一方，这个价值创造过程都不存在；客户价值的提供是关系价值收益的前提，关系价值的获得则是客户价值创造的结果；客户是关系价值的源泉，企业为客户价值的创造提供了支持和帮助，良好关系的维持是所有价值实现的媒介。因此，客户价值是在关系互动过程中由双方创造出来并交付给对方的。

客户价值与关系价值之间存在着互动，这种互动关系反映了客户让渡价值最大化和关系价值最大化之间的平衡与互动。通过对关系价值的管理，能够使企业将资源和能力集中在关系价值最高的客户身上，为其提供高质量的产品和服务，满足其需要，进而实现客户让渡价值的最大化。从客户角度讲，客户让渡价值是客户满意的根源，能够促进客户对企业的忠诚，使关系质量得到全面提高，增加该客户的关系价值。

战略动机取向，商业奇迹背后的真实逻辑

老子在《道德经》中说："天之道，不争而善胜。"就是不与人争，完善自我的境界。在海尔集团内部的一次竞争力讨论会上，张瑞敏曾经给他的管理人员讲了这样一个故事：

1965年，那时我还在上中学。有一次到中山公园去劳动，在我们喂狼的时候，出现了一种现象：如果给狼扔一根骨头，这些狼就同时来抢这一根骨头，可是我们同时扔进去五六根骨头，这些狼也还是挤在一起去抢其中一根。于是，我就总在思考这种现象，为什么每一只狼不是各啃一根骨头，而总是去抢同一根，然后再抢另一根呢？

做一只"聪明的狼"，抢夺另一根骨头，是"不争而善胜"的一种方式，这也常常是市场领先者或强大对手所采用的"不争"的方式。所以，作为世界上最大的日用消费品公司之一的宝洁公司会宣称："当对手关注我们的时候，我们在关注消费者。"

挑战者策略也要遵循"不争而善胜"这一规律，但是这里的"不争"含义有所不同。挑战者既要关注客户，同时也要关注竞争，还要不被强势对手所主导。

没有和竞争对手的互动，挑战者所采取的任何创新的战略行动，才能在较长的时间内保持相对的竞争优势，更快地成长发展，以最小的代价取得最

大的胜利。

如果说领先者的战略是竞争战略的话，那么挑战者的战略就是非竞争战略。如果说领先者追求的是竞争优势的话，那么挑战者追求的就是非竞争优势。处于相对弱势地位的挑战者要想取得成功，就要在和强大对手没有竞争互动的条件下，一斧头、一斧头地把对手这棵粗壮的大树砍倒。简单地说，不对称动机就是一个公司想做的事情恰恰是另一个公司不想做的。正是由于不对称动机的存在，一些新兴的小公司才有机会战胜比自己强大得多的市场领先者。

唐太宗李世民曾经说："以古为镜，可以知兴替；以人为镜，可以明得失。"通过借鉴全球产业发展史上企业的成败经验，我们可以总结出与此如出一辙的企业竞争规律。现在的市场领导者多数也是由过去处于相对弱势地位的挑战者成长而来的，因此了解挑战者的成功经验或失败教训，对于中国企业意义重大。

由于国内市场经济环境建立时间较短的原因，国内对于成功企业的研究基本上停留在个案分析阶段，具有广泛影响力的系统研究主要来自西方发达国家的专家学者。虽然后者的研究成果严谨、系统，对于中国企业具有一定的借鉴意义，但是在适用性和研究角度上似乎存在不足之处。

首先是适用性问题。很多国外研究的重点是企业如何从优秀走向卓越，更喜欢做锦上添花的事情，而对平庸甚至先天存在种种不足、相对弱势的企业如何走向优秀，却研究甚少。

在自然界，凶猛的猎豹威风凛凛，但有95%的小猎豹在出生后2个月内死去，在之后的10个月里又会有70%夭折。即使像狮子这样的动物之王，90%的幼狮也活不过第一年，最终会被公狮或其他食肉动物猎食。如何从幼狮成长为雄狮并成为狮王，显然需要不同的方法。在弱肉强食的自然界，先天基因并不差的猛兽的命运尚且面临如此之大的变数，在残酷的市场竞争中，那些在内部资源实力或外部市场地位处于相对弱势的中国企业，如果不能掌握正确的策略和方法，其结局可想而知。

对成功企业研究的第二个问题是“英雄主义”色彩过于浓厚。这样的研究首先从结果上把企业划分成“凡人”和“英雄”，然后再从“凡人”和“英雄”在行为特质方面的区别，总结为什么有些企业能够脱颖而出。比如，在《从优秀到卓越》一书中，詹姆斯·柯林斯得出一套系统的观点，如第五级领导、先人后事、直面现实、刺猬理念、自律文化、技术加速器等。按照作者的说法，只要遵循这一套观点并认真执行，几乎所有的公司都能改善自己的经营，甚至可能成为卓越的公司。给人的感觉似乎是“英雄”说了什么，做了什么，然后奇迹发生了，“英雄”就成功了，企业就能完成从优秀到卓越的蜕变。整个过程似乎是“英雄”的独角戏。

然而，这样的研究似乎忘记了企业并不是生存于真空环境里，忘记了还有众多的潜在对手可能正虎视眈眈地盯着自己，忘记了现有商业世界的竞争残酷性。对于那些已经在业界位列优秀的企业，如果说这样的结论还勉强说得过去的话，那么对于那些相对弱势的企业来说，这样的结论可能就有点片面。相对弱势的企业的生存发展机会，一方面取决于在市场机会面前自身的努力，另一方面则取决于强大对手是否给你这样的机会，其中第二个因素有时对能否成功具有更大的决定性作用。这是因为，只要强大对手能给挑战者这样的机会，那么后者就有机会通过摸索尝试，最终形成能满足客户需求的能力，从而奠定发展的基础。

如果我们留意一些成功企业家偶尔不经意的吐露就会发现，他们有的会说自己很幸运；有的会说不是自己做得足够好，而是对手留给自己太多的机会；还有的会说不是自己太聪明，而是对手更愚蠢。所有这些，其实并非都是自谦之词，要想真正发现相对弱势的企业能够取得成功的秘密，就需要探索为何在同样的机会面前，强大的对手会无动于衷，在具备资源优势或市场地位领先的情况下，他们反而与机会失之交臂。

如果我们把焦点放在产业市场演变的历史上，就会发现以弱胜强的戏剧性事件不时上演。相对弱小的企业成功地取代原先的领先者，成为新一代的市场霸主。

虽然“不对称”作为一个正式的概念源于西方，但是无论是在军事作战上还是在企业实践中，“不对称”思想在中国都早已有所应用。比如，在军事战略思想中，毛泽东对中国革命战争经验的总结——“你打你的，我打我的”、“你打你的原子弹，我打我的手榴弹”，就是不对称作战思想的集中体现。在企业实践中，柳传志在20世纪90年代中后期提出的联想的战略制定原则——“做外国大公司所不能或不愿做的事；做一般小公司或短期行为的公司做不了的事”，这甚至比克里斯坦森教授的研究发现还要早些。此外，在国内一些企业家和经理人的意识中，这种“不对称”思想在他们的思考中也隐约存在。

众所周知，现有的游戏及其规则总是有利于现有市场上的领先者，他们是现有规则的受益者。处于相对弱势的挑战者要想改变不利的市场地位，重要的途径之一就是来一个全新的游戏或创建全新的游戏规则。只有在全新的游戏或游戏规则下，所有的参赛选手才有可能站在同一起跑线上，改变挑战者和领先者之间的相对力量对比。

认知不对称局势最终能够达成的战略效果还不仅仅如此。通过选择强大对手不会玩的新游戏，或在竞争中创造属于自己并且让强大对手看不明白或不认可的全新游戏规则，挑战者甚至能够在较长的时间内把强大的对手排除在游戏之外。能把强大的对手排除在游戏之外，并不是挑战者拥有垄断性的资源或超强的实力，而是借助强大对手的成功模式这副“有色眼镜”所蕴含的认知盲点，也即其优势中所固有的弱点，让他们认为新的游戏或新的规则毫无意义。这样，强大对手就能够心甘情愿地被排除在游戏之外，甚至对于挑战者的战略行动不做任何反应。正因为如此，一开始弱小的阿里巴巴才有机会在 B2B 市场上取得巨大成功。所以马云总结说：“有很长一段时间，阿里巴巴的模式都不被人看好。这是又惊又喜的一件事。有时候，不被人看好是一种福气。正因为没有看好，大家没有全部杀进来，否则的话机会肯定不属于我马云。”

如果挑战者要玩的游戏或创造的新游戏规则能有助于为客户创造价值，那么挑战者已经迈上了成功之路。比如，德国大众的甲壳虫小汽车登陆美国市场的时候，因为其造型设计与众不同，而被美国底特律的汽车厂商大加嘲弄。但让人们大跌眼镜的是，甲壳虫系列轿车自投产以来，已经连续生产了 2000 多万辆，创造了世界汽车史上一个品牌生产量的最高纪录。美国有线电视新闻网（CNN）在 1980 年首创的没有大牌播音员的每周 7 天、每天 24 小时的全球实时新闻报道，开始被竞争对手戏称为“鸡肉面新闻”，但是从那以后 CNN 改写了“新闻”的定义，在实时电视新闻报道领域垄断长达 15 年。

这样的案例还有很多，如本田的第一辆轻型摩托车被美国同行视为“玩具”，索尼的第一台小型电视被美国厂商们鄙夷地当做“玩物”，而贝尔发明的电话则被当时美国电信行业的霸主西部联合电报公司的老板不屑地称为“电动玩具”。

互联网浏览器之父马克·安德森曾经说过：“如果你的目标是创造新的、伟大的事物，就必须要做别人所嘲笑的事情。这是一个考验：如果没有遭到别人的嘲笑，它就可能不是一个伟大的创意。如果每个人都点头说‘对，有道理’，那么这件事情十有八九已经有人在做了。”

小佳能为什么胜了大施乐
——打破了对手的战略定式

小企业未必永远不能与大企业抗衡，最重要的是要找到“巨无霸”的软肋，找到自己最坚硬的地方，然后寻找一个攻击支点，采取差异化的竞争战略改变游戏规则，改变力量的强弱对比，从而获得以小胜大的业绩。你当然不能按照强大的对手制定的游戏规则去跟他打，因为对手一定是根据自己的优势来设定这个游戏规则的，所以你千万不能“鸡蛋碰石头”。那么，怎样找他的弱点呢？只能在对手的优势之中找弱点。

比如说，对手的拳头力气很大，而且很硬，但是在他的拳面上有一个伤疤，那么你就可以使劲打他的这个伤疤处，甚至直接用一根棍子准确地捅这个伤疤，他就会鲜血直流，束手待毙了；在散打比赛中教练也会告诉你一个秘诀，如果你发现强大的对手眼角留存有上场比赛留下的伤疤，那么你就宁愿拼着挨几拳也要不断地死命击打这个位置，直到对手疼痛难忍为止。这就是从对手的优势中找弱点的思路。

20 世纪中后期，施乐发明了复印机，在复印机行业取得了巨大的成功，使人们一想起复印机就会想到施乐这一品牌，施乐也当之无愧地成了复印机行业的老大和代名词。为了保护自己，施乐采取了过河拆桥的战略，申请了500 多项专利。假如一个企业要花钱买它的这些专利，制造出来的复印机会比它贵几倍，根本没有市场。

后来，日本的佳能开始对施乐进行研究，试图改变市场游戏规则，以获取复印机市场竞争的胜利。佳能从施乐产品中那些不能满足人们需要的地方入手，因为消费者的需要没有得到满足，就意味着机会。于是，佳能开始走访施乐的用户，了解他们对现有产品不满意的地方，同时也走访没有买过施乐复印机的企业，寻找没有买的原因。走访的结果告诉了佳能几条主要的线索：

其一，施乐复印机是大型的，当时叫集中复印，一个有钱的大企业也只能买得起一台，因为它是几十万、上百万元一台，速度和性能都非常好。但价格太高，不是每个企业或企业的部门都能消费得起的，这是第一个不满意。

其二，一个公司假如说有十层楼，一台复印机放在任何一个地方，所有人哪怕复印一张纸都要跑到那里去，不方便，这是第二个不满意。

其三，如果老板要复印一些保密的东西，如人员晋升、涨工资等材料，他不愿意把文件交给专门管复印的人复印、登记完了送回，这样一来就产生了第三个不满意，即保密性不好。

这就是佳能当初发现的几个问题，根据这几个问题，佳能有了解决问题的方案：一是设计一个小型复印机，把造价降到原来的1/10、1/20；二是将复印机做成像傻瓜相机一样，简单易用，不用专人操作；三是操作简单、价格便宜，每个办公室都可以拥有一台，老板房间可以自己用一台，解决了保密问题。

此时，佳能战略的脉络似乎已经很清晰了：消费者期望能有一台价格便宜、操作简单而且体积小便于放置在私人办公空间的小型复印机。就这样，佳能找到了施乐的伤疤。于是，佳能迅即开始了小型复印机的研发，经过一年多时间，这款小型复印机问世了，从产品概念来看，已经从根本上解决了消费者的需求。

既然问题都解决了，是不是就可以生产了呢？不是！还有很多问题没有解决。佳能在考虑：假如佳能将复印机生产出来，施乐就会反击，因为施乐是复印机大王，那个时候佳能的名字还没有人听说过，听说过的只有施乐复印机。如果你这个产品一面世，施乐一看这个市场不错，它用不了几天就可以将新产品做出来，一脚就能把佳能踩死。

于是，佳能意识到，自己没有办法营造一种环境来保护孤军作战的自己，没有办法过河拆桥，怎么办？聪明的佳能想到了办法——联合多家小企业，联手对抗施乐。

佳能设计出这个产品后，拿着非常诱人的说辞跟理光、美能达等厂家沟通：如果我们联合起来做这个产品，这个产品的市场前景是什么样的；如果你从我这买，第一，投产时间要快一年多，第二，只花你开发费用的十分之一。面对这样的说辞，如果是一个理性的厂家，你说对方会拒绝吗？一定不会！

最后，佳能终于跟这些小企业结成了一个联盟，十几个日本厂家同时推广这么一个分散复印的概念，一举改变了游戏规则，一下就把这个市场做起来了。

佳能的成功，首先是因为施乐是用一家公司来对抗十几家日本公司，这时的力量对比就不一样了。同时，佳能这么做的好处还在于打消了几家日本公司自主开发的念头，在无形中消灭了一批未来的竞争对手。

试想，佳能再开发出来新产品，还是卖给你开发费用1/10的价位，你要不要？没有理由不要！自己开发既费时间又费钱，跟佳能合作，等于“天上掉馅饼”，坐享其成，何乐而不为呢？最后，只要佳能开发一代，这些企业就从佳能那儿拿一代的许可证，不用自己开发了，这就意味着他们默认了佳能在复印机市场上的领导地位。

由此可见，一个企业，尤其是小企业在同大企业竞争的时候，首先要想一想游戏规则是什么样的。

你要改变游戏规则，就要先了解现有市场的游戏规则是什么样的，决策者是什么人。对大型复印机的购买者来说，决策者是那些大企业的最高领导者，因为这样的产品要卖几十万、上百万元的价格。

评价这个产品好还是不好，过去的评估者是那些对复印机非常了解的专业技术人员，而现在的评估者是你我这样的普通消费者。因此，购买的过程也不一样了，过去几十万、上百万元是固定资产，要购买一台复印机需要领导审批；现在几万块钱就不是固定资产了，购买时的整个过程和审批手续都跟以前不一样了。

由此可见，正是因为佳能对原来复印机市场的游戏规则非常了解，所以它才有能力开发出一些新产品，从根本上改变游戏规则。假若佳能只是在施乐的专利保护期到期之后，模仿制造大型复印机，或者以小型复印机为武器，单枪匹马地跟施乐正面斗争的话，结果可想而知。

佳能之所以能成功赢得市场，在于其精心规划自己的策略，改变了市场游戏规则，打破了强大对手既定的战略定式，而非一味模仿竞争者的脚步。那么，当我们同样面临强大对手时，我们就可以这样想：我先不跟你打架，我先问问消费者是怎么想的，他们心中对这类产品还有什么不满意的地方吗？这些产品的弱点和缺陷是否能构成我们发动攻击的有力武器呢？

诸事同理，让我们一起来看一个经典的战争案例吧！

在著名的孟良崮战役中，国民党45万大军，由陆军总司令顾祝同统率，一字摆开，步步为营、稳打稳扎，向陈毅、粟裕指挥的华东野战军的9个纵队加1个地方军区共27万人推进，意欲将陈、粟部队逼至胶东海边，先予以包围，而后相机剿灭。面对数倍于我的敌军，我军向何处去，怎么打这场仗成了大难题。

为了打破敌军的进攻，避免被围歼的危险，并且打击一下因敌军占据了延安而滋生的嚣张气焰，华东野战军全权负责军事指挥的粟裕，开始寻找突破点，寻求战机。最后，他决定了“在百万军中取上将首级”的战略，即全力围歼敌之精锐、王牌的第七十四师，从而既能威震对方，又可消灭敌人有生力量，撕开敌人的合围圈。

这个仗怎么打呢？从哪里突破呢？经过缜密的分析后，陈毅、粟裕发现，虽然在周围100公里驻扎了几十万敌军，但是这些部队都不想真打，都想保存实力。因为那时国民党军队的情况是谁的军队多谁就牛，谁的部队打光了，立即就会失去一切势力。基于上述分析，陈毅、粟裕判断，这些敌军一定会以缓慢行进给蒋介石一个他们正在驰援的假象，但行进的速度不会很快。只要我军集中优势兵力迅速全力歼灭七十四师，就能够达到“断其一指”的效果，而且还会给其他驰援的敌军一个震慑，使他们害怕自己也被消灭，这是敌军的第一个致命弱点。

距离孟良崮最近的敌军李天霞部的司令李天霞与七十四师师长张灵甫积有宿怨，主动倾全力援救张灵甫的可能性不大，这就能为我军歼灭七十四师争取到充足的时间。这是敌人战略组合中的第二个致命弱点。于是，陈毅、粟裕下令集结主力十几万人全力聚歼张灵甫部，同时派遣小股部队在外围佯动以给驰援的敌军造成我军严阵以待的假象。

果然，七十四师在孟良崮苦守到第三天，不要说远处的援军磨磨蹭蹭还没开到，就是近在不到5公里的“战友”八十三师与二十五师也都没有赶到，李天霞部也只令整编十九旅五十七团派团副一人，率一个连，携带一部报话机，冒充旅部番号，进入沂水西岸游击，给蒋介石造成自己已经驰援的假象。

这样，我军不仅有时间攻上孟良崮全歼七十四师主力，而且还有时间在撤出战场后，因清点被歼的敌人人数不够七十四师兵员数3.2万人，便又重返战场，抓获躲藏的敌散兵7000余人。然后，我军才浩浩荡荡从容撤走。这一仗使得蒋军士气锐减，书写了震惊中外的经典战例。

如果当时陈毅、粟裕仅仅抱着“兵来将挡，水来土掩”的对阵思想指挥战斗的话，那么，情形可能就是另外一回事了。首先，我部就不得不被七十四师的诱敌之计所牵制，无暇抽兵顾及外围的敌军，或者只好拼力突围，最后拼个血流成河。

其实，市场竞争与用兵打仗同理。如果佳能没有看到小型复印机的商机，而是抱着在大型复印机市场仅凭自己的实力与施乐拼争的话，那可能就不单是头破血流了，没准企业都会消失，因为施乐实在是太强大了。

所以，企业家应该抽点时间多看看《孙子兵法》，研究研究古今中外著名的胜利和失败的战例，兴许会从中获得解决竞争问题的新思维。

做强与做大——有做强的动机才有做大的结果

做强与做大，老掉牙的问题，一点也不时髦。很多经营者会漫不经心地说“我知道了”，可问题是“你做到了吗”。

老生常谈的问题之所以还有再谈的必要性，是因为其命题中蕴含着真理性的内容，对实践极具指导意义。1999 年的世界 500 强会议已经昭示世人：强大强大，只有“强”才会“大”。如果无视这一基本规律，自恃自己属于另一类人，那么“历史是会重演的”。

做强与做大，并不必然是一对矛盾，在某些情况下两者是可以兼得的，这也是企业发展最为理想的状态。但在大多数情况下，做强在先，做大在后，并且做强应该贯穿于企业经营的整个过程之中。

做大需要信心，做强更需要耐心。

现在的不少企业家信心有余，而耐心不足，这样很容易导致盲目扩张而不注意企业的根基是否牢固，其弊端已被历史证明并将继续为历史所证明。

做大的企业比较喜欢横向比较，而做强的企业更喜欢纵向比较。横向比较的结果通常是企业要“快马加鞭多元化”，而纵向比较的结果往往是“苦练内功专业化”。

做大的企业与做强的企业考虑问题的基本点常常是不同的。一味做大的企业更多考虑的是怎样把别人的变成自己的，自我占取的资源越多越好；而踏踏实实做强的企业更多考虑的是怎样给别人提供更多更好的优质产品与服务，而利润只不过是社会对自己辛勤工作的奖赏，是一种自然的回报。

由此可以看出，当我们把企业存在的目的定位于服务社会的时候，我们就会非常珍惜社会提供给企业的既有资源，把占有社会资源看做是对社会的承诺。只有很好地履行这种承诺，社会才会增加企业的信用等级，从而让企业占有更多的资源，做更大的事情，这是一条从做强到做大的基本道路。

这些年为什么有那么多企业家“喋血街头”？深层次的原因就是观念、意识的问题。不少人忽视了“企业存在的根本目的是为社会服务”这一最基本道理，犯下致命错误也就在所难免。

换一个角度来看，企业的发展与一个人的成长有诸多相似之处。一个平民可能因为得到一笔横财而一夜暴富，企业也可以通过收购、兼并等迅速膨胀。但要注意的是，对于个人来说，从平民到“贵族”需要经历几代人的熏陶；对于企业来说，从弱小到强大就是要持之以恒地做强。

当然，再换一种角度来分析，做大亦有不同的表现形式。现今欧美的多数企业更追求在小行业中成为大企业，而不愿成为大行业中的小企业。这是做大的策略问题，其本质还是做强。

做强的内涵远比做大丰富、深刻。

做强首先要求企业着力塑造自己的核心竞争力。这种核心竞争力可以是专利技术、稀有资源，也可以是独特机制，但归根结底，这些都必须依靠管理的意识和创新的精神。

做强需要具有前瞻性的发展战略，它涉及人才、资本、资源、品牌等不同方面，“田忌赛马”式的资源组合是企业应该很好借鉴的。

做强需要企业具有绝对号召力的文化。正如杰克·韦尔奇所言：“如果你想让列车再快10公里，只需要加一加马力；而若想使车速增加一倍，你就必须要更换铁轨了。资产重组可以一时提高公司生产力，但若没有文化上的改革，就无法维持高生产力的发展。”

做强对绝大多数中国企业来说意味着专业化。企业要有专业化的人才、专业化的技术、专业化的管理模式、专业化的企业形象，在专业化的基础上完善科学的管理体系。世界500强中的企业都有过从专业化到多元化再到专业化的经历。他山之石，可以攻玉。

就现状的分析而言，做强对于大多数中国企业来说，首要的是生存的问题，然后是可持续发展的问题，这两者都体现在严格管理、规范管理、成本管理等基础管理当中。从某种意义来说，做强的企业家是寂寞的，他们恪守“板凳要坐十年冷，文章不写一字空”的格言，日复一日、年复一年地做着非常枯燥却相当重要的基础工作，在日积月累中形成企业的强大与有力。

当企业真正做强的时候，往往也就是其做大的前兆。“花香自有蝶舞”的道理在市场经济中尤为实用。其文化的凝聚力、品牌的感召力、利润的诱惑力对于其他企业乃至整个社会而言都极具影响力，企业通常在做强到一定程度的时候，“大”也就如影随形了。

明白了以上做强的道理，你还怕自己不会做大吗?

你打你的，我打我的——毛泽东兵法的商战运用

美国著名进步记者安娜·路易斯·斯特朗曾这样描述过舞场中的中共领袖：周恩来的华尔兹舞是第一流的，刘少奇的舞步像数学一样准确，朱德的步伐像是长征，而毛泽东的舞步则常常出人意料，总是按照自己的节奏跳舞。

当毛泽东旋转到战争这个舞台时，他更是强调主动权。要依照自己的节奏进退，要迫使敌人按照自己的节奏行动。他从容地驾驭战争，以自己独特的方式指导战争，夺取胜利。这份自信、这份潇洒，令许多人着迷，令许多人赞叹。

新中国成立后，当毛泽东谈指导战争和指挥作战的诀窍时说：打仗没有什么神秘，打得赢就打，打不赢就走，你打你的，我打我的。什么战略战术，无非就是这四句话。简单四句话，揭示了战争中的主动与机动、打与走的辩证关系，它几乎可以诠释中国革命战争史上所有的战役战斗，是人民军队战略战术的精髓。

任何军人都明白一个道理，要夺取战争的胜利，必须力避被动，力争主动。主动权，就是行动的自由权，是相对于受约束、受牵制、受压抑等各种不自由的状态而说的。只有掌握了主动权，才能自由地调配资源、运用策略，战胜对手。被动就要“挨打”，处处受制于人，结果必然是一步步走向失败。

那么，如何做到掌握主动权，不被敌人牵着走呢？毛泽东有一句极为生

动的表述："你打你的，我打我的"，"打得赢就打，打不赢就走"。运用到非军事领域，就是"你干你的，我干我的，有利就上，不利就让"。决战决胜的过程，就是夺取和保持"主动权"的过程。市场竞争中的"战略决战"也是这样。

到1976年底，李嘉诚涉足房地产已近20年，拥有的物业地盘已接近置地公司，形成了"农村包围城市"之势，并且积累了丰富的经验，因此李嘉诚决心乘香港地铁中环站、金钟站上盖兴建权的竞标之机，实现自己胸怀已久的愿望——超越置地。经过分析他发现：第一，置地的"统帅"投入这场决战的精力有限。置地的总裁是由母公司怡和洋行的总裁纽璧坚兼任的，他的行为又受到置地第一大股东凯瑟克家族的制约，因为当时该家族对中国内地政府怀有戒心，一直把发展重心放在海外。因此，纽璧坚虽然坐镇香港，但其精力被横着、竖着各切一刀，对置地在香港发展能投入的精力明显不足。第二，置地向来狂妄自大，目中无人，自然不会冷静地研究竞争对手的情况，也不会放低身段去迎合招标方。第三，作为招标方的地铁公司，现金严重短缺，准备好足够的现金是赢得竞争的关键。

了解到这些情况后，李嘉诚决定采取不动声色、奇袭制胜的原则，放低调子，隐蔽决心，并采取了如下做法：第一，首先提出"将两个地铁上盖建筑设计成一流商业综合大厦"的意见，显示品位和气魄；第二，储备足够的现金，通过发行长江实业新股募资1.1亿港元，通过结交大通银行获2亿港元贷款，加上其他可动用资金，约有现金4亿港元；第三，向地铁公司让利，打破对半开的惯例，地铁公司占51%，长江实业占49%。

当时香港舆论界都看好置地，因为它实力强、名气大。总裁纽璧坚也用自信的口吻说："等着看结果吧。"1977年4月5日，香港各大报纸纷纷用大字标题在头版头条报道："长实击败置地。"

从以上可以看出，李嘉诚打赢这一仗，是建立在知己知彼的基础之上，抓住了别人不易察觉的对方弱点，进行了充分细致的准备，借助盟友大通银行，投入决定性的力量，出的招数直击对方软肋，因此大获全胜。置地恃强轻敌，虽然拥有较强的实力，但在策略运用上却无所作为，最终招致失败。

通过以上案例可以看出，整个战略筹划和实施的过程，就是夺取和保持主动权的过程。

小快乐，大道理——余额宝的成功之道

理财产品是关乎钱的事，然而我们一直在说“快乐”，这是很多人认为余额宝业务在价值层面的第一个承载。

2013 年 6 月，增利宝基金体验会暨余额宝上线启动仪式的主题是“增利宝，会赚钱的支付宝；巧购物，快乐其实很简单”。这个仪式的开场视频是这样表达的：“如果说，淘宝网每天发出的 2400 万个包裹，代表着 2400 万个信任；如果说，双十一大促的 1 亿笔交易，承载着 1 亿份快乐。那么，当金融遇上互联网、当天弘牵手支付宝、当货币基金邂逅电子商务、当‘快乐增值’助力‘聪明购物’，首只互联网基金——天弘增利宝让这种信任和快乐延续。”

后来人们感受到，大家确实很快乐。互联网本来就是一个有娱乐精神的地方，在自媒体上，每天都有很多客户在晒余额宝带给他们的小幸福、小快乐。

2013 年 7 月余额宝上线满月时，有人策划并实施了“微快乐播报”活动，项目组的人用自己的笑容和感悟播报每日收益，两周前已经改由客户来播报。在所有这些感悟和分享中，“快乐”成为高频词。

人们算了一笔账：一位客户从余额宝上线之日起转入 1 万元，到 8 月 18 日获得的收益是 86.66 元。86 元很多吗？对于现在大家普遍的收入水平来

说，可能已很少有人会把它当大钱了。然而，客户说，这相当于一个月的话费、40 次地铁票、十几顿早餐，或者七夕节在淘宝买的一束包邮玫瑰花。是的，这是在本来就快乐的互联网上，通过简单操作获得的增量价值，而且人们从生活需求角度来认知这个价值，所以大家快乐。

余额宝给我们的企业带来两点启示：第一，我们的企业对客户真的理解吗？我们过去是不是过于阳春白雪、高高在上？我们的业务是不是多了些铜臭气息，少了些人文关怀？我们自己快乐吗？第二，“快乐”更多代表着这个产品、这个模式所契合的社会文化心理层面的诉求。

中国这样一个泱泱大国，上网人群比例超过 40%，在互联网提供的种种便利之外，应该还有一个重要原因，就是平等、透明、信任、自由等互联网精神带给大家的快乐。人为什么会快乐？这是个深刻的哲学问题，但我们可以看看身边那些幸福的孩子，他们为什么总是快乐的？他们简单，做的事简单，心理回馈很直接；他们信任，他们所处的环境不使其怀疑和不安；他们阳光，在他们眼里和心里，真善美多，假恶丑少；他们有不断展开的生活画卷，又预期不高，容易满足。当人们在网上吐槽、抱怨、怀疑、励志的时候，其实内心是有着孩子般的期待的。也许，从这些角度我们可以发现余额宝能够深入人心的一些原因。

产品如人，也是有品格的，余额宝就好像一个年轻的阳光大男孩。

当然，这不是全部，也许还有些金融产品，可以做得如智慧长者、投机狂人等，但是，一定要个性鲜明，价值主张明确，功能可认知。更重要的是，你的目标是为客户创造价值，这个价值，除了钱，精神上的东西也必不可少。

余额宝给我们带来了快乐，而这就是我们从小快乐中悟出的大道理。这个道理很显然，它就是动机不同，结果不同。

"争做中国第一纳税人"——三株的胜与败

所有的企业都应该为利润而努力，这是天经地义的事情。不管企业理想有多么高远，利润都是企业得以持续经营的根本。许多公司之所以未成气候，就是因为它们在开始的时候追求成长，高歌猛进，而在业务达到一定规模需要收获利润时才发觉，它们的业务模式缺乏持续的竞争力。

利润吸引人之处并非利润本身，而是利润创造过程。在这个过程中，动机很重要。曾经非常知名的保健品企业三株公司，就是选择了成为"中国第一纳税人"的动机，并以此动机层层下压指标，完成这个宏伟的壮举。

三株公司自己有一个实现目标的预算，其总裁曾在一次会上宣读了《争做中国第一纳税人》的报告。他预测，企业平均至少得以200%的速度快速成长，到20世纪末，就可以完成900亿~1000亿元的销售额。企业为了实现这个宏图，仅1997年一年就兼并了20多个制药厂，并在创立的短短3年时间里，在全国各地注册了600个子公司，成立了2000个办事处，促销人员超过15万。1995年销售额仅23亿元，1996年则达到惊人的80亿元。

到了1997年，企业为了实现销售收入300亿元的既定目标，15万促销人员在中国的各个乡村的街道，贴满了宣传的标语和口号，甚至连每一个厕所的蹲位都不放过。还不仅仅如此，一些极不负责的夸大其词的行为开始出现，甚至把三株口服液说成了可以"有病治病、无病防身"的灵丹妙药，其销售人员的促销行为，实际上已经演变成了街头的卖艺郎中。很快，就在其后的一起看似偶然的消费者投诉的法律案件中，一个拥有190亿元销售额、48亿元资产的企业，就这样无声无息地消失了。

没有人由此追问，三株公司为什么会把“中国第一纳税人”作为企业成长的动力？也没有人深入探究，这样的企业动机和动力，是否就是企业夸大、撒谎和欺骗行为出现的必然结果？其实答案已经很清楚了，那就是：当一个企业仅仅将金钱作为企业的动力和目的，企业为了实现它就可能不择手段。三株公司销售人员，无法不在销售时夸大其词，甚至是欺骗欺诈，因为他不这样做，就可能无法实现销售指标，无法实现个人的收入。因为只有金钱这一个明确的动机和目的，销售人员无须考虑个人的欺骗式的销售行为，是否会给企业的长期发展带来伤害。

三株的盛衰并不是一个偶然的、个别的特例。事实上，无论是大企业还是小企业，无论是企业宏观战略还是具体个人任务，只要把“金钱”作为唯一的动力与指标，企业就很难避免和控制“恶性行为”的出现。

一家知名的企业宣布了对于仿冒自己产品企业的打假奖励办法，并派出了自己的打假队。面对打假的巨额奖励，一个打假队员自己出钱让企业仿冒，然后再向工商部门举报，拿着查获的证据，去企业领取巨额奖励。等到发生了多起这样的事件后，企业才恍然大悟：不能将金钱作为唯一的奖励和评价工作的手段和方法。

显然，“金钱、利润、做大、第一”等词语，都不是也不应该成为企业的动机与目标，它们都只是企业正确的目的与动机实现后所必然出现的结果，或是企业衡量工作的其中一种标准。企业必须要有正确的目的与动机，应该是“健康、价值、持续、成长”等词语，而不是具体的金钱与数字。企业里一些基本的概念不能被混淆：目的与动机，是企业的本质和长远的方向；而一些具体的数字或指标，只是企业某一时间段里的短期目标或任务，而且这些短期目标或任务，是必须在企业动机与目的的原则下制定。尤其是当企业面临危机和灾难关头，强烈的、本能的、不择手段的生存的欲望，会使非责任型企业成为一个赌徒！

一般来说，企业总是在面临困境与危机时，出现不良的、错误的、违法的行为，这是一个恶性的循环：企业越是面临困境和危机，可供合法合理的、正确解决问题的办法和途径就越少；正确的办法途径越少，企业就越有可能为解决问题而不择手段、不顾行为的后果。这是企业动机未能受到理性约束的原罪之恶！这里所说的原罪，并非是指罪过，而是产生罪恶行为的可能动机。纵观企业的一生，都是在不断地进行着正确的目的确认、制度与行为的规范，来抵御企业原罪动机的发作。

这里所说的原罪动机，也恰恰是企业的原始动力。企业如果没有了这个原始动力，企业的创造力和意志力也将大大减弱。很明显，企业在原罪动机面前，如何选择合理合法的、正确善意的行为方式，才是问题的关键。

企业正确善意的行为方式的选择，既不是来自对于企业的道德说教，也不是来自企业自身的自律——虽然说教与自律都很重要，但它们都靠不住——而是来自企业外部环境中的法律和道德的压力与约束。因此，我们就要选择另外一条途径，即不对称商业模式，这是当今世界最先进的商业模式。

第三章　做强还是做大？——定位，撬动市场的有力支点

企业的定位是指企业通过其产品及品牌，基于顾客需求，将企业独特的个性、文化和良好形象，塑造于消费者心目中，并占据一定位置。从产品定位、品牌定位、企业定位三者的关系层次上来看，一般企业定位要经历的过程是：从产品、品牌、企业定位三者一体化到三者分离，后者相对于前者越来越概括和抽象，越来越多用以表现理念。

企业能否做强做大，关键在于准确定位，并通过营销手段撬动市场。在这一过程中，企业应该借助哪些有力支点呢？“TCL 现象”、奥普浴霸的高价策略、SOHO 现代城的定位，以及激励原理在企业中的运用，这些操作手法堪称典范。

竞争态势下，企业对核心竞争力的准确定位

“商场如战场，竞争就是战争”，这句话形象地描述了当前企业竞争的态势。为什么有些企业是竞争中的常胜将军，而有些企业却溃不成军，兵败如山倒呢？个中原因颇值得玩味。

竞争，对于一个企业经营者来说，如同吃饭、睡觉一样普通，要在竞争中取胜，则不是“普通”两字所形容的那么轻松，虽然时下“双赢”、“共生”等名词极其热门，但是不能完全被这些充满“温馨”的词汇所迷惑，商场上的竞争，多数情况下还是如战场上一样，充满着你死我活的白刃战一样的冷血与残酷。因此，要在竞争中取胜，经营者必须像猎豹一样扑向目标，并调动全部的力量，用速度、机敏和冷酷去取得竞争的胜利。“若有人想打倒我，那么我就会先对他下手，这就是最佳的美式求生方式。”麦当劳创始人雷·克罗克的这句话，应是对商业竞争的最佳阐释。

从竞争的谋略方式上看，商场就是如战场。两千多年前的孙子曾经认为，指挥战争的原则应是“上兵伐谋、其次伐交、其次伐兵、其下攻城”，并认为“不战而屈人之兵”的谋略当为上上境界，并提出了“知己知彼、百战不殆”的观点。而著名的营销学大师菲利普·科特勒在其名著《营销管理》中，引用了艾伯特·W. 埃默里的话，“营销完全是一场文明的战争，取胜的关键在于文字、创意和缜密的思考规划上”，来说明商业竞争的激烈程度，

以及竞争所使用的方法。

一个企业的成长史，就是不断地面对竞争对手，并不断地战胜对手的过程。这些竞争对手包括同行业竞争者、潜在的新竞争者以及替代产品竞争者等。如何战胜竞争对手，是一个综合性的问题。利用价格战、广告争夺战等正面的竞争应对，这是击败对手的一个常用策略，然而竞争双方都会为此付出惨重的代价。

决定竞争胜负的根本因素，是企业的核心竞争力。自20世纪90年代初"核心竞争力"这一概念问世以来，全世界的企业都在寻找、塑造自己的核心竞争力，中国企业也不例外，苦苦寻求自己企业的竞争力成了企业老板的首要任务。多年来，中国企业的核心竞争力定位发生了多次演变，大致经历了如下几个阶段：

第一，生产力就是竞争力。在生产力成为竞争力的年代，以产能为企业竞争的第一要素，那是商品短缺经济时代的特殊阶段。开足生产马力、快速建造生产车间、产量决定一切等成为其主要特征，提高生产率是这个时代的主旋律。

第二，产品力就是竞争力。随着产品数量的增加，商品数量短缺问题暂时得到解决。这时消费者将注意力转移到产品质量上，于是产品力就成了这个时期的竞争力定位。不断开发新产品，进行产品线的整合等成为其主要特征。

第三，服务力就是竞争力。随着产品种类、规格等越来越丰富，消费者的注意力逐渐转移到产品的服务上。毕竟不存在绝对完美的产品，并且产品需求不是消费者需求的全部。以"顾客是上帝"、"服务至上"等为主要特征的服务力，自然成了这个时期的企业竞争力定位。

第四，战略力就是竞争力。随着世界级战略大家迈克尔·波特战略三部曲的问世，战略在中国企业管理中形成一股强大的热浪，至今仍有余波。没有战略的企业是没有明天的企业，企业老板最重要的工作就是给企业定战略。这一时期，战略力成了企业竞争力的定位。常听人们说，所有企业的失败都是战略的失败。“战略”这个似有还无、无所不包的概念，着实令中国的不少企业疯狂了一阵。

第五，执行力就是竞争力。企业“执行力热”曾经席卷大江南北，到处都是执行力的培训，到处都是执行力的报道。一时间，“战略热”退后，让位于“执行力热”，甚至打出了“没有正确的战略，只有快速的战略执行”等一些逻辑不通的口号，这些口号到处可见，一些企业也纷纷跟风，将执行力作为自己的竞争力，大讲特讲。

第六，品牌力就是竞争力。中国的大地上又刮起了品牌风。百年企业靠品牌，没有品牌的企业只能是短命的企业。于是，一些企业纷纷打出 2004 年是品牌年的口号，更有企业成立所谓的品牌战略部，专门从事企业品牌的定位与传播等工作。塑品牌，做百年企业，再一次迎合了中国企业老板们的虚荣心。品牌力自然就成了企业竞争力的定位，做品牌成了中国许许多多企业的追求。

第七，人才力就是竞争力。人类社会进入 21 世纪，知识经济方兴未艾，企业在竞争中的制胜因素已不再是物质资源的占有，而是人才资源的开发和应用，人才已成为决定企业价值创造力的基本源泉。在这样的大背景下，中国政府提出了“人才强国”、“人才强省”战略，人才资源成为第一资源。企业已普遍认识到，未来的竞争在本质上是人才要素的竞争，是人才资源获取和利用效率的竞争。因此，许多企业在高度重视人才资源获取的同时，在人才资源的管理理念和管理模式上也正经历着一次深刻的革命。人才力成为当前企业竞争力的定位，人才争夺战、人才保卫战等成为当前企业竞争的主要特征。

中国企业给核心竞争力的定位，为企业创新不对称商业竞争模式开拓了广阔的空间，为企业的生存与发展提供了无限的可能。而对于众多的企业来说，找出竞争对手的重大弱点，以便于制定不对称竞争战略，并预测竞争对手今后的行动，从而取得在竞争的夹缝中生存的机会，才是企业经营者和营销经理们要考虑的首要问题。

找到营销支点，就能撬动市场

阿基米德说：“给我一个支点，我就可以撬动地球。”在营销中，如果你能找到一个支点，你就能撬动市场。

这些年，我们经常能听到这样的豪言壮语：“中国跨入市场经济后，仅用了20余年的时间就走完了发达国家50年才走完的路。”殊不知，这正是导致当前中国市场竞争无序化的根本原因。看似发展迅速的市场经济进程的背后，是大量的重复建设、重复开发，使得大量同质化产品充斥市场，众多的产品挤在一座独木桥上你推我搡。VCD火了，于是大批投资涌入该行业，一夜之间，全国各地到处都是VCD的影子；短短几年时间，VCD从当初五六千元的售价一直掉到二三百元。保健品火了，于是这块市场又成了投资的乐土，各种保健品铺天盖地而来，虚虚实实、真真假假，一直火到消费者的信任度降到冰点为止。

如此这般，循环往复，每个行业里都是人满为患。为了获取市场份额，大家都挤在同一平台上低水平竞争。于是各种形形色色的概念层出不穷，价格战此起彼伏，口水战天天在打，结果到最后也没见谁真正占了上风。难怪众多经济学家大声疾呼：“中国的市场经济是典型的泡沫经济！”在激烈的竞争环境中，为了取悦消费者，各个企业都“八仙过海，各显神通”，展开了传播的博弈。大家都有一个共同的目标，那就是怎样才能使自己的品牌快速占据消费者的脑海和心智空间。

遗憾的是，消费者的大脑对于品牌的记忆是有限的。人们每天直接和间接接受的产品品牌信息多达数千条，大大小小的商场和超市里陈列的货品种类也是成千上万，可是能记住的又有多少？寥寥无几！

那么，解决之道在哪里？这里面最核心的技术就是要在潜在顾客的脑子里为品牌找一个位置。所以，你要深入了解目标消费群体对产品的看法以及消费者寄情于此类产品的深层需求。然后找出你的目标消费群体与品牌可能的接触点，并设计适当的品牌信息，传播给目标消费群体，让消费者青睐你的品牌。

那么，竞争的主战场在哪里呢？多年以来，人们都在不断地追寻和探讨着。消费者在做出购买决策时的决策依据从哪里浮现出来？答曰：脑海里。消费者怎样肯定和否定备选品牌？答曰：最先浮现在脑海的图像和信息。

于是，我们可以清晰地看到，许多年来企业主耗费巨资和心力的品牌信息，都在不停地争夺着消费者脑海中的方寸之地，人脑就是品牌传播的主战场。进军消费者脑海是获取品牌忠诚、成就高销售额的必经之路。那么品牌怎样才能进入消费者的脑海，并使他们记住你的品牌呢？我们有必要首先从人脑对品牌的记忆原理来剖析。

管理专家艾·里斯形象地把人脑对于品牌的记忆比作一个个小阶梯，主张品牌传播要力争占领其中的一个新阶梯，达到实际有效的效果。据统计，一般人的脑子能随时记住的品牌名称也就是 7 个左右，如果超出 7 个的话，就要经过思索以后才能说出来。譬如说，尽管市面上的果汁产品有几十个品种之多，但是人们张嘴就能说出来的也就是那么几个而已。

有一个营销专家在为一家饮品企业做培训时，做了这么一个试验：

在课堂上，这位营销专家对他的学员说：“各位都是饮料业的精英，我请问大家一个问题，如果要你在10秒钟之内说出尽可能多的果汁品牌的话，你能说出几个?”结果几乎所有人都只说出了那么几个，诸如统一鲜橙多、汇源、酷儿、农夫果园等。

营销专家为什么要求10秒钟之内呢？其实很简单，因为人们在口渴需要选购饮料时，其决策时间也就是不到10秒钟的时间。这就是为什么可口可乐每年投入数以亿计美元广告费的目的，就是意在影响消费者选购时伸手的那一瞬间的选择。

因此，一个优秀的企业应当学会在消费者脑子里“占位”的方法，使你的品牌成为消费者购买抉择时浮现在脑海里的少数几个品牌之一。

那么，怎样才能在消费者脑子里占据牢固的位置呢？解决之道在于：一是想消费者之所想，做对手之未做；二是填补消费者心智潜在空缺，体现消费者潜在欲望。这就是企业要学会的钻空子功夫。

说到钻空子，许多开车的人一定都有这样的体会，在没有车位的情况下，你必须要善于寻找路边允许停车的空子，而在路边被允许的范围内，把车开进已经停满了汽车的那一条小“缝”里，可真是要有本事才行。你要先去“找空子”，然后再下功夫去“钻”，至于能不能钻进去、钻得好不好，就需要技术和策略了。

因此，无论你的企业在市场上属于领导者还是追随者，你的确都有必要时刻发现空子，关注这些空子；并在适当的时间、适当的机会，采取适当的方法把握住，并且成功钻进去，这样你的企业就会越活越有精神。

钻空子有三层意思：第一层意思是在目标消费者的心智中寻找尚未被满足的空隙；第二层意思是在竞争对手为目标消费群体提供的利益组合中寻找

空隙，然后加以填补；第三层意思是恰如其分地展现消费者的潜在欲望。

现在的问题是，你是否能找到这些“空子”的入口呢？我们又该怎样进入呢？

在这里，营销专家提出了一个“天然瀑布”的概念，它的意思是说，有了天然瀑布，就有了“瀑布下的诗意家园”这个市场。为什么呢？因为最大的支撑点就是拥有一条暗河，并且水量充足，这是瀑布货真价实的天然水源，所以也就有了“家园”，即市场。

据此要塞，谁能直撄我锋？

定位决定地位——备受瞩目的“TCL 现象”

1992 年，TCL 电子集团公司研制生产的 TCL 王牌大屏幕彩电，成功获得市场认可。那时候广告做得比较大，所以大家都叫 TCL 王牌，以至于成为了“TCL 现象”。

何谓“TCL 现象”？它可以归纳为广东 TCL 电子集团公司在产品经营和资本扩张过程中，对海内关联性强、规模大的工业资本、商业资本进行有效兼并，本着优势互补、相互促进的目的，创出强强合作的双赢模式。

TCL 电子集团公司在做大做强的发展道路上，走的是一条“兼并”之路，其兼并的理念和策略给我们带来了很多启示：

第一，强强兼并，优势互补，各有所得，如 TCL 与陆氏集团和“美乐”集团的兼并与合作。

陆氏集团涉足彩电市场早，生产经验丰富，尤其是海外市场开拓能力强。1990 年，陆氏公司抓住欧洲一体化的机会，率先在英国设立生产基地，其后又在东欧设立彩电生产厂，1991 年投资越南，和当地厂家联营，成立电子厂。其在蛇口的生产基地拥有完整的科研开发能力，技术力量雄厚。

TCL 兼并蛇口陆氏，既能在短期内扩大生产规模、减少因新建彩电生产基地的有关风险、充分利用原蛇口陆氏的生产能力，又能拥有一个完整的与国际接轨的科研、开发系统。这些都大大提高了 TCL 王牌彩电的技术质量，降低了生产成本。并且通过兼并海外企业的方式，控制了它们的海外机构，为自己品牌打入国际市场提供了方便。而TCL集团则在品牌和国内销售网络上有独到之处。兼并陆氏彩电项目，是属于强者归属更强者的范畴，也是今天强强合作、优势互补的典范。

“美乐”集团原是电子部部属企业，军转民后上了两条彩电生产线，主要销往中原、东北、华北农村市场，拥有完整的销售体系，年销售额近7亿元，利润1300万元，且它们的目标互补性很强。通过合作，TCL在产能、布局和农村市场获益的同时，美乐也得到了资金、技术、管理和知名度。

第二，紧密关联资本的有机兼并。TCL集团的这两次兼并都是对紧密关联资本的有机兼并。通过兼并，补充了TCL集团原有资本功能方面的不足之处。

TCL对香港陆氏彩电业务的兼并，首先，着眼于其产量，兼并的实现使得TCL从此有了自己的生产基地，降低了经营成本，获取了规模效益。其次，着眼于技术，陆氏拥有完整的科研开发设施，技术力量雄厚，此举使TCL在技术上有了长足的进步。再次，着眼于陆氏的海外彩电业务，走向海外。通过接收其海外销售业务系统及其客户，TCL的海外生产基地也建立了。最后，着眼于管理方面，通过与外商合资经营逐步积累了海外企业管理经验，通过实行海外经营人员本地化措施，带动了内地管理人才的发展进步。

“美乐”则是TCL北上中原的理想合作者。兼并后，“美乐”原基地将成为TCL在中原的轴心，以及500公里半径范围、4亿人口农村市场开发的跳板和新基地。同时可以降低销售成本，按年售50万台算，可节省运费高达1500万元以上，另外还可加快对农村市场的拓展。

第三，兼并过程中十分注重品牌的运用。由于所经营的产品是技术发展已很成熟的通用产品，导致在产品质量、生产技术、品种款式等方面，任何企业都很难保持垄断。因此，激烈的竞争主要体现在市场竞争上，而市场竞争中最具长期效应的莫过于“品牌”。

TCL 集团在实践中感到，如果只有生产权而没有供销权，就只能给外资打工，赚取可怜的加工费。因此，利用外资的原则是：利用外资而不为外资利用，主导产品企业保持控股经营权，保有企业自己的品牌，从而创立了一条“利用外资，创我名牌”的成功之路。

TCL 集团在彩电起步时与香港长城电子集团的合作，就是以自己品牌的优势，利用对方公司的技本、生产经营、资金和海外市场，从而迅速在全国实现了自己的经营目标。兼并陆氏彩电项目的实现，更是成功运用品牌策略的典范。此举开创了国有企业靠品牌兼并港资企业的先河。

第四，以市场为导向的强有力销售机制。TCL 集团从被动的以产定销售和以销售定产的销售观念中解脱出来，主动去认识、培育和推动市场。结合其市场区域网络的逐步推广营造，建立健全了自己的营销网络。这些分布在全国 50 多个主要城市的销售网点，在直接完成产品营销的同时，不断扩充二三级网点，进行了大量的商情收集和分析工作，及时向集团汇总和提出建议，取得了 3 年间全国销售量第三的好成绩。

第五，注重紧密关联资本的有效兼并，并倡导双赢模式。此次兼并的资本，都是与现有资本紧密关联的资本。这种兼并的优点，一是平时过从甚密，业务相对熟悉，比较容易掌握；二是现有的经营管理的经验比较容易移植，企业文化融入相对容易；三是有经验的经营管理人才较易物色、挖掘和鉴定；四是准备充分，组织严密，经济效益明显、直接；五是资本生存链的延长对现有资本功能的完善和企业的稳定较为有利。

这种兼并的意义在于：延长了作业链，拓展了生存空间，减少了上下游业务关联方式失误的风险，加强了企业的竞争力。

当然，在强弱兼并中，也会涉及令人头疼的债权债务、产权条块归属、被兼并企业人员的安排、离退休人员的生活保障等体制障碍、内部人员障碍、税制障碍、金融障碍、人事制度障碍以及其他非经济障碍。例如，一些著名的国有大企业在行政干预下的兼并，虽然在短时间内资产总规模有很大扩大，但受制于上述障碍，背上甩不掉的包袱，效益日趋低下而被拖垮。

第六，精心筹划，组织得当。首先，基于企业自身需求和基于市场行为的兼并，可以带来高效率。1996 年初，TCL 抓住香港长城电子集团转让其股权的有利时机，主动和他们接触商谈股权收购事宜，谈判一度进展顺利。但是，后来有外商半路杀出，以高出 TCL 报价 15% 的筹码竞争，谈判陷入僵局。然而，TCL 另悉香港彩电陆氏集团正觅中国合作对象，于是，TCL 马上跟进，双方一拍即合，仅用 2 个月的时间，就与陆氏成功合作。TCL 对美乐的兼并也类似于陆氏，谈判之前已有外企与美乐草签协议，但 TCL 基于对彩电市场的充分分析及美乐集团对市场的深思远虑，使兼并工作提前完成。

其次，低成本，高效益。对陆氏的兼并上，直接经济效益是一年后即盈利 1.2 亿元。相关效益上，TCL 兼并陆氏的彩电项目，是在陆氏集团的彩电项目中注入 1.5 亿港元的资金，占 60% 的股份，拥有绝对控股权，从而支配了合资公司的 2.5 亿港元资产。以较小的代价，迅速扩大企业总资产，并拥有了海外生产和经营机构。对美乐集团的合作，也是高效的典型。TCL 注入 6000 万元货币资金，盘活了“美乐”公司原有的存量资产，并且进行统一销售政策、统一计划调度，提高了现代化企业的协作生产水平。

最后，兼并后的工序处理得当。对陆氏兼并后的新公司作风严谨，节奏明快，凝聚力明显加强。原供职人员心情愉快，信心倍增，结果一举扭转长期亏损局面，盈利显著。

改革开放以来，我国的经济国际化日益明显，单就彩电行业而言，世界许多知名企业纷纷抢滩中国市场，这对原有的国有企业形成强烈的冲击，许多国内知名彩电企业现已举步维艰。在这种形势下，TCL为增强竞争实力，拓展海外业务，不失为明智之举。TCL兼并陆氏的成功就说明了这一点。

上面对TCL兼并成功的特点和原因作了多方位的说明，旨在强调作为企业带头人的企业家，应具备一般人所不具备的对经济生活的敏感性，只有凭着这种灵敏的触觉才能捕捉信息、超前决策，而这种带有战略性的决策将直接决定企业的生死。因此，企业家，特别是处于困难时期企业的领导人，一定要提高自己的综合素质，这样才能带领企业不断获取成功。TCL的领导者正是具备企业家应有的素质，为兼并成功奠定了基础。

不打价格战，高价值就要保持高价位
——奥普浴霸的高价策略

在城市里已经很少有人不知道浴霸是干什么用的了，而且人们往往习惯于在浴霸前加上“奥普”两个字，奥普与浴霸似乎是天经地义就应该连在一起的。北京分公司的一位总经理曾经这样说：“做浴霸的人很多，但都不是我们的竞争对手。”据不完全统计，国内生产浴霸产品的厂家很多，但奥普始终保持了50%以上的市场占有率。这位总经理认为，奥普的营销策略是制胜的法宝。营销成功的主要原因是高价营销策略。

杭州奥普电器有限公司是专业生产卫浴电器的澳大利亚独资企业，自创建以来，一直以领先的技术、卓越的品质和完善的服务，领导着中国浴霸行业的发展和家庭卫浴时尚的更新；更凭借丰富的经验、创新以及安全的解决方案，成为目前亚洲最大的卫浴电器生产基地之一。奥普深谙品质之道，坚持以严格的质量控制实现其品质由表及里的高度完美，并始终将“安全”列为至高标准。独家采用NBSS苛刻的检验标准，以高标准带来高质量的安全取暖泡，从而使浴霸行业的制造水准提升至一个新的高度。

奥普的高价位来源于高价值。许多人对高价位的认识存在两个方面的误区：第一，高价位是不顾消费者利益由企业随意定价的；第二，高价位是靠巨额的广告投入来支撑的。其实不然，高价格策略不是随便可以采用的，奥普的高价策略是由它的品牌价值、高价值的产品、优质的服务、安全的质量等价值条件支持的，是由其营销策略和奥普在浴霸行业的领导地位决定的。

首先，如果单从价格来划分，不外乎这样四种：低价值低价格、低价值高价格、高价值低价格、高价值高价格。从消费者角度来看，前两种策略是不适合消费者需求的。高价值低价格也就是所谓价廉物美的产品是最受欢迎的，这其中价廉并不是绝对的低价，而是相对于产品的高价值而言的。因此，奥普的高价位来源于其产品的价值及高附加值，也是因为它的高价策略，奥普在不断提升产品品质，追求最优的性价比。作为一个名牌产品，实实在在的使用价值和安全可靠的品质保障是必不可少的。奥普的高价格是相对一些低价值低价格产品而言的，由于奥普销量、市场占有率均高居前列，奥普浴霸的售价实际已经走向高价值低价格的良性循环，这也是奥普公司的价格策略的意图所在。

使用过奥普浴霸的消费者说的一句话是最恰当的："奥普浴霸用起来让人安全、放心。"同时据专业人士介绍，从爱迪生发明灯泡到现在，灯泡的灯头与玻璃壳之间都用胶泥来粘，浴霸的取暖泡自身比较重、大，加上高温，时间久了，胶泥老化导致的灯泡脱落现象屡见不鲜，而奥普的取暖泡玻壳与灯头结合处设计了一道螺纹，加固了两者间的连接，进一步保证了消费者的安全。除此之外，奥普取暖泡选用了温度系数较高的材料，增加了灯泡温度适应能力。另外，奥普取暖泡创新的泡内负压技术，防止玻璃外溅，这些特质都是独有的。所以，相对于这样的产品质量，奥普的价格看似最高，其实这正是奥普产品高附加值的体现之一，而这也正是品牌化经营的企业一直追求的。当奥普在决定了高价位策略的同时，就决定了不断提高产品的价值和附加值，所以它总是能带给消费者品质上的保障。

有另一种说法，名牌产品的价格中有相当一部分来源于其巨额的广告费，这种说法显然缺乏广告常识。只要略懂营销的人都知道，销量越大的产品其单位销售成本越低，两者之间是成反比的，销售成本中当然包括广告费用，由于销量的巨大，其划分到单位产品上的广告成本已是微乎其微。相比之下，有些看似低价、广告投入少的产品，由于其销量也小，所以划分到单位产品的销售成本及广告费反而更高。

奥普的高价位给代理商提供了合理的利润空间，同时使其在销售通路、终端各方面的资金流通顺畅，保障了对消费者的最终负责；浴霸产品的售后服务较其他电器产品显得尤其重要，没有合理的利润，对消费者的保证就成为空话。

高价位是为开发研制更进步的新一代浴用电器产品作资金储备，以带动整个行业的技术进步。在今天这个个性化的感性消费时代，消费者对家电产品的选择更多地集中在性能、安全、品质、服务上，而非价格上，只有创新和保持技术领先，才是竞争制胜的关键。目前浴霸行业尚欠成熟，产品质量参差不齐，价格差距相去甚远，行业规范有待改善。奥普更多的是把精力放在改进技术、提高品质、加强服务、提高行业水平上，为消费者提供更高价值的产品和创造更高的生活享受。正因为这方面的努力奥普始终保持了行业领先地位。

有些人认为，企业应该从市场的多方面需求考虑，产品发展种类要多而广。而奥普把产品仅仅定位于卫浴电器，其市场发展空间有限，对产品的推广和品牌的发展不利。

奥普公司认为，作为一个企业，必须集中所有优势，在一个专业的领域开发经营，这样才能把工作做得系统、做得细致。那种什么钱都想赚、产品开发求大求全的做法是不科学的，是不利于企业长期稳定发展的，这也正是中国许多企业“短命”的原因。奥普集中了所有的技术优势、资源优势、品牌优势，定位于卫浴电器产品的开发和推广。在奥普的战略报告中可以看到这样的描述：“奥普的战略目标是集中优势资源努力建造一个品质卓越、品位高尚、品牌国际化的卫浴电器品牌。”

从表面上看，奥普产品仅仅局限于卫浴电器，其产品开发涉及领域相对较小，但是奥普却在浴室这个小空间里做出了大文章。奥普公司认为在卫生间这个空间里，人是最自然、最需要体会生活品位的，由此而产生的需求也是多种多样的。只要有需求就有市场，只要产品定位准确就有市场空间。奥普 CEO 马悦认为，奥普产品的使用价值，关注人的生活品质，特别是在卫浴方面的各种需求，强调卫浴中满足深层次需求、细致关怀，最终实现保护人类自身健康的目的，使现代人的生活品质获得显著提升。

另外，奥普在安全性方面的专业技术优势也是它定位于卫浴电器的主要原因。浴室让人联想到的是潮湿，而在潮湿的环境中使用电器就容易给人一种不安全感。所以安全成为浴用电器的重要保障。而奥普在技术上的专业优势恰恰在于制造安全的卫浴电器产品。

在这样的理念指导下，奥普相继开发出系列卫浴产品：继奥普浴霸之后，牙具消毒器、智能电热水器、智能洁身器等系列高安全、高享受，满足消费者深层次需求的卫浴电器即将面市。

在国际市场营销实践中，由于国际市场供求关系及竞争状况的不断变动，普奥选择了高价的营销策略并且还获得了很大的成功，这来源于秉承对消费者和社会的一贯承诺，提供更优质的产品和服务，承担企业公民的责任。提炼了自身的核心竞争力才能使企业在竞争中取胜。奥普公司根据行业特点和产品价值以及自身的强大优势，提炼了自身的核心竞争力：因为专业，所以安全。安全不是一个低级的品牌指标，当一个品牌持之以恒地把安全作为一个最高追求，那么安全就成了一个品牌显著的标志，会产生强烈的认同。

不管做什么行业，只要纯粹就好
——SOHO 现代城的定位

潘石屹是 SOHO 中国有限公司董事长兼联席总裁，从 2003 年起，他连续 3 年当选新浪网“地产十大影响力人物”。2005 年，被美国《财富》杂志选为中国最具影响力的 25 位商界领袖之一。

潘石屹曾经说过，一位纯粹的企业家必须具备两种基本素质：第一是定力，不容易被周围的环境所干扰；第二是化解危机的能力，能够在危机和矛盾中抓住机遇反败为胜。事实上，在巧妙处理各种危机的过程中，他确实表现出了一个纯粹商人的素质，不但没有让自己因危机而变得被动，反而让危机变成了机遇，帮助他获得新的成功。

潘石屹以纯粹的商人眼光打造和宣传 SOHO 这个理想之城。他以在主流媒体刊登照片、漫画、插图讲解的方式，让公众认识现代城，了解现代城“有点前卫、有点另类”的风格，使“SOHO”一词开始被广泛提及。售楼书中的一句“你准备好 SOHO 了吗?”更是点燃了消费者的购买欲望。SOHO 现代城开盘不到一个月的时间，就被认购了十之七八，尤其是开盘的前三天，日销售过亿元。而此时，SOHO 的样板间都还未建成。

SOHO 现代城给潘石屹带来了巨大的成功，但这个过程并非一帆风顺，潘石屹曾几次陷入重大危机，最终他以一个纯粹商人的良好素质，将危险一一化解。

1999 年 8 月 20 日，包括 4 位销售副总监在内的 36 名现代城销售人员被中国第一商城挖走，由于现代城项目在北京房地产业界的影响很大，因此这件事情也就被业界炒得沸沸扬扬。为了稳定人心，潘石屹亲自与员工交谈，成功地挽留了大半欲跳槽的人员。接着，他以极其诚恳的态度写下一封名为《现代城的四名副总监被高薪挖跑了》的信，将整件事情的来龙去脉清楚地展示给公众，为了加强感染力，他还在结尾写道："现代城的员工，无论我们成功还是失败，无论我们受到竞争对手什么样的打击，千万不要忘记我们做人的准则，不要忘记我们的使命，也不要忘记客户对我们的期盼。"第二天，这封信被刊登在《北京青年报》、《北京晨报》、《北京晚报》和《精品购物指南》等几家影响力很大的报纸上。

事情的发展令他非常满意，"挖人"事件不但没有对现代城产生不良影响，反而成功地吸引了媒体和公众大量的注意力，现代城一夜之间成了著名楼盘，潘石屹更成了楼市风云人物，以至于潘石屹经常说："没有挖人事件，就没有我现在的成功。"

2000 年初，SOHO 现代城开盘认购，销售的火热情况让潘石屹十分得意，他邀请华远总经理任志强前来参观 SOHO 样板间。不料任志强在参观后写下一封万言书《朋友之间的交流——潘总请我看现代城样板间》，在信中对 SOHO 从户型概念到技术设计给予了无情的批评。

对于这封万言书可能对消费者造成的恶劣印象，潘石屹十分紧张，他在仔细研究之后回信《创新是需要勇气的——"二道贩子"给"菜农"的回信》，将任志强提出的所有问题转移到"创新"这个角度。

认真权衡后，潘石屹又将这两封信交由媒体公开，一时间在社会上掀起一场轩然大波，竞争对手、专家学者、普通业主都加入了这场论战。表面上，潘石屹成了公众口诛笔伐的对象，但实际上，这场论战使SOHO又一次成为业界焦点，为SOHO做了许多不花钱的广告，SOHO的销售工作反而更加火爆了。

SOHO成功售罄，潘石屹又遇到了新的麻烦。现代城开始不断有住户投诉屋内有异味，并且随着天气的变暖，情况变得更加严重。后来专家检测发现"罪魁祸首"是混凝土中添加的含有尿素的防冻剂。这种防冻剂的挥发，会导致房间内弥漫氨气味。潘石屹迅速订购了除氨设备，送入投诉的住户家中，但由于效果不够理想，发生问题的家庭猛增至50户。愤怒的住户联合起来，委托律师追究SOHO开发商的责任。为化解矛盾，潘石屹决定向所有受害住户道歉，并接受住户退房，同时支付住户所缴房款的双倍利息。他又将此事向媒体曝光，希望此事通过法律途径获得一个公正的裁决，并向社会广泛征求驱除氨气更有效的办法。

文章一经公开，各媒体、电视台也纷纷从不同角度对现代城的氨气事件进行了报道，现代城第三次成为大规模媒体报道的焦点。最终，通过社会各界的力量，这件事得以圆满解决，潘石屹不但平安躲过一劫，还充分利用这次危机给媒体和社会带来的注意力，大大提升了现代城的知名度。

2001年，潘石屹再一次展示了自己非凡的商业才能。当时，部分楼层的公共空间中安放了一些造型前卫的雕塑作品，但这些艺术品过于奇异的外形与普通老百姓的惯常思维格格不入，引起了一部分业主的不满，导致房屋不能顺利交付。而潘石屹却从此事发现了一个扩大宣传的机会。他请来一批艺术界人士，请他们对SOHO的雕像作品做了精彩的点评。随后，公司也为当天到场的媒体提供了新闻通稿。通稿中讲道："很多艺术方面的权威对现代城内的雕塑作品给予了较高的评价，认为实现了建筑和艺术的完美结合……大家认为现代城内的雕塑作品线条优美、形态生动，富有人情味儿，充分体现了‘公共性、创造性、前卫性’，是对雕塑艺术的普及，对人与人之间的交流以及促进城市艺术化起到了推动的作用。”

潘石屹通过举办艺术展览会等形式，引发了一场“艺术热”。这些活动和媒体报道无形中影响了即将入住的业主对这些艺术品的看法，为顺利交楼扫清了障碍。

2000 年，潘石屹成立了项目公司北京红石新城房地产有限公司，着手开发位于北京北部山区水关长城附近的“长城脚下的公社”。这个占地仅 8 平方公里的项目，邀请了 12 位亚洲青年设计师参与设计工作，最终以其大胆的想法在 2002 年威尼斯建筑双年展上获得了“建筑艺术推动大奖”。

2000 年，为了开发建外 SOHO，潘石屹又注册成立了项目公司北京红石建外房地产有限公司，在北京 CBD 核心区建设建筑面积为 70 万平方米的商住综合项目。鉴于潘石屹操作项目的口碑，这个项目在没有投入多少广告费用的情况下，取得了骄人的销售成绩，连续两年成为北京楼盘的销售冠军。

2004 年，在政府对建设用地进行总体控制的大背景下，潘石屹通过“鸡蛋换粮票”的办法获得“尚都国际”二期的开发权，改名为“SOHO 尚都”。

至此，潘石屹已然实现了自己最初的财富梦想，尽管他至今仍是北京房地产界一个饱受争议的人物，但他对加诸自己身上的所有评论不置可否，他认为自己只是以一个纯粹商人的眼光，做了一个商人应该做的事。

马克思有句名言：“资本来到人间，从头到脚，每个毛孔都滴着血和肮脏的东西。”因此，提起商品、货币，我们总容易想到奸诈、贪婪之类的字眼，而商人在我们头脑中，也就自然留下“唯利是图”、“无商不奸”等印象。但是换个角度来看，商人对于财富的追逐难道不也是一种强烈的进取心吗？只是他们追求的是财富而已，不像一个男孩追求一个女孩。

商场如战场，一个优秀的商人也许不可能是浪漫而高雅的，但却一定是精明、谨慎、善于算计的，也只有如此，才能看透那些纷繁芜杂的数字与报表背后点点滴滴的线索，才能做出种种理智的判断与决策。既为商人，就要做一个彻彻底底的商人，除了遵循基本的法律道德底线之外，一切均须以趋利避害为最高原则：一件事不能给自己带来即时利益，就不要浪费精力与时间去做，这是毫无意义的。如果不能做到如此的纯粹，就很难成为一个真正成功的商人。

潘石屹就是这样一个纯粹的商人。他被看做是当今中国最活跃、最具有鲜明个性的房地产领袖之一。他与妻子张欣在1995年共同创立SOHO中国有限公司，作为董事长，他一直掌管着公司在中国的商业地产领域的开发业务。尤其在北京的CBD，他留下了永久的印记，在这个区域，无论在建筑的规模上还是在项目的销售额上，SOHO中国有限公司都是最大的开发商，并为中国首都大胆引入了标志性的当代建筑。

“我是一个纯粹的商人。”潘石屹经常这样说，“不管做什么行业，只要纯粹就好了，人就怕不纯粹”。在他的身上能够体现出一个成熟商人应当具备的所有特质：谨慎、精明、敏感、锲而不舍、不怕失败。当他找到自己的用武之地时，他将这一切淋漓尽致地表现出来，这已然成为他最醒目的方法论。

现在，让我们从潘石屹身上找到一个纯粹商人所应具备的特质吧：

第一，目标明确。商人的目标是什么？很简单，就是“挣钱”两个字。所以商人考虑问题的思路是：首先看有没有利，然后再考虑对不对。如果一件事没有利，商人是不会去争论谁对谁错的。因为这纯属浪费时间，道理很简单——没有利。

潘石屹做事方式简单、直接而有效，所有不必要的中间环节都被取消。在他看来，商场上没有什么固定的规则，只有一个目的，那就是赚钱。潘石屹曾经说，不赚钱的商人是不道德的。不赚钱你就不能确保自己的生活，不能给员工好的工资福利待遇，不能给国家上缴利税，不能给客户带来实惠。他的话也许有失偏颇，但细细琢磨，却颇有道理，足以给初出茅庐的创业者以启发：切勿好高骛远追求不切实际的东西，只有为自己赚取到真金白银，才能使下一步的发展得到保障。

第二，善于创新。条条道路通罗马。罗马只有一个，但通往罗马的道路却各不相同。每一个创业者的背后，都有许多鲜为人知的故事。他们成功的荣耀是相同的，但每个人成功的方法和历程却千差万别。创业者的经历、环境、素质、所从事的行业领域各不相同，创业过程中遇到的矛盾和问题也不相同，必须要靠创业者本人的创新与突破，才能开辟一方新天地。

潘石屹为了赚钱，可以打破所有的规矩套套。在产品设计方面，当别人都在做毛坯房的时候，他最先想到做精装修房；当别人都在按照规定做面积多大、窗台多高的普通住宅的时候，他做了活动组合空间、落地大玻璃的“SOHO”。拿他的话说：“别人制造黑白电视时，我们能不能想办法生产带色彩的；当别人都生产彩电时，我们能不能设计出遥控的。”在营销方面，当大家都希望通过霸王条款要求消费者只许买进不许退出时，他最先推出“无理由退房”，后来还加上 10% 的年息回报，甚至最早在海南时，他也一改传统的方式，用市场杠杆来平衡价格与利润的关系。

他还是国内最早一批启用房地产代理公司，并通过广告宣传进行市场宣传的企业家。在做万通新世界商城的时候，他就同来自香港的利达行合作，委托其代理销售；同时在《人民日报》海外版、《文汇报》和《大公报》上都打整版广告。在当时中国的房地产企业还不打广告的时候，这种方法就像平常不吃药的人第一次吃感冒药一样，效果立竿见影。

潘石屹所做的一切，也是从探索开始，从冒险开始，他并没有什么一劳永逸的成功秘笈，也没有预先画好的地图。但值得肯定的是，他懂得创新，否则仅靠模仿前人或同行成功的经验做法来创业，是绝对不可能获得成功的。在当今世界，信息瞬息万变、科技日新月异、消费者需求永无止境，唯有不停地创新创造，才能跟上时代的步伐，才能在异常激烈的竞争中站稳脚跟，脱颖而出。

第三，懂得避实就虚。竞争激烈的商场总是充满了无形的战火惊雷，竞争是无法避免的，但至少可以选择竞争的方式，是正面迎击还是“曲线救国”。事实上，懂得避重就轻，躲开竞争对手强有力的攻击远比两败俱伤有利得多。

这一点，潘石屹演绎得格外出色，他不但能跳出既成的规矩，也善于跳出竞争圈子。“不与竞争对手竞争”是潘石屹在出道之初就订立的发展原则。在产品方面，潘石屹一直强调自己生产的房子不同于市场上纯粹的写字楼或者普通公寓，当更多的人把市场定位在大众的住宅项目或者小众的高档项目的时候，潘石屹却坚持给那些处于发展阶段的“创造阶层”盖房子。他的SOHO 现代城、博鳌蓝色海岸和长城脚下的公社，尽管每一个在同级别市场上都可谓价格不菲，但都是以“创造力”超越“奢华”的物业类型。在宣传方面，他善于利用媒体的攻势，但当别人都力图挤进北京几家报纸房地产板块的时候，他却决心跳出房地产话题，而在财经、文化、艺术、人物、社会新闻等方面进行渗透。

面对强势竞争对手的攻击，应该如何应对，潘石屹无疑又为我们上了一课。避实就虚，变进攻为防御，并适时予以出击和反攻的战略战术的确是一种较为明智的做法，达到既“长治久安”，又可“不战而屈人之兵”，体现了一种高明的战略布局。

第四，有足够的专注精神。无论多么成功的人，精力和时间也总是有限的，同样，企业的财力和资源也是有限的。与其铺得太开，做得太多，不如只专注于一个行业，做到位，做纯粹就足够了。

潘石屹从海南炒楼至今，一直专注于房地产行业。这在别人看来也许难以理解，可是在潘石屹看来，别的行业怎么经营他不熟悉，房地产开发是他的专业，他最清楚怎么在这个行业赚钱。为此，他这样说道：“纯粹就好了，人就怕不纯粹。不纯粹的人什么事情都想搞，这样的话就不专业了。这个社会需要专业，我也是努力做到专业这一点，把房地产这一行干好就行，别的行业不了解，更谈不上专业了。你要让我谈政治我肯定不行。我还是比较认可这个评价的。”

“做自己最擅长的事”，这是潘石屹得以成功的诸多因素之一，由于专注，他能够把自己全部的聪明才智凝聚到所要干的事情上，从而最大限度地发挥积极性、主动性和创造性，成为行业的领军人物。

第五，有容人之量，有激励人的本领。大凡创业时期的团队，人力资源必定是极其匮乏的。已有的人员不是缺乏知识技能，就是缺少经验素养。再加上社会关系生疏，可以调动借用的外部资源稀缺。作为创业者，就要培养增进自己对内点石成金的功夫。

熟悉潘石屹的人都知道他非常随和，也非常客气。在向陌生人介绍他的员工的时候，从来不说“这是我的员工×××”，而是说“这是我的同事×××”，一词之差，反映出来的却是宽广的胸怀。

在日常工作中，他对下属很少发脾气，即使确实因为什么事情着急了，过后他总要在合适的时候向对方说明一下。他这样做一个最直接的结果，就是放下了架子，缩短了与员工的距离，增加了与员工平等交流的机会。他的平易近人使员工不需要花费时间去考虑如何提高“与领导沟通的能力”，从而消除了不必要的人为障碍，增强了工作效率。

在内部管理方面，潘石屹的公司没有什么成套的管理制度。除了人事行政部不时发出强调着装等无关紧要问题的通知之外，没有多少人知道这个公司有什么成文的规章。

潘石屹对员工的唯一要求是“我只要结果”。他认为员工是帮老板解决问题的，所以只要结果，过程并不在乎；而公司为员工解决问题提供所有的帮助，诸如资金方面的支持或者其他部门人员方面的配合。在潘石屹的公司里，员工需要努力的方向是在公司站住脚，公司需要努力的方向是在市场上站住脚。由于潘石屹特殊的管理模式，公司里不会发生兄弟部门互相推诿扯皮的事情，因为大家都非常明白，最终的目的就是解决问题。因此，公司的人际关系相当简单，同事之间没有根本的利益冲突，因此你不需要有老道的人际交往能力。从商人的本性出发，潘石屹为自己的公司建立了一支合格的团队。由此可以看出他的容人之量和激励人的本领。

以上种种因素，已经构成了潘石屹作为一名纯粹商人的一幅写真。

定位于纯粹，使潘石屹从平凡走向卓越。对于每一个决心进入商界发展的人来讲，应从现在开始，不断调整并改造自己，努力使自己具备一名纯粹商人应有的素质。纯粹地做人，做纯粹的人，将财富人生的大智慧注入血液。

气魄大方可成大，起点高才能至高
——吉格勒激励原理的运用

“吉格勒定理”是美国行为学家吉格勒提出的，他认为，许多人一事无成，就是因为他们缺少雄心勃勃、排除万难、迈向成功的动力，不敢为自己制定一个高远的奋斗目标。不管一个人有多么超群的能力，如果缺少一个认定的高远目标，他都将一事无成。而当设定了一个高远目标，即使他只完成了一半，这也很有可能要高出常人很多。

在企业管理过程中，一个优秀的领导者，之所以能够保持自己的地位，就是因为他们内部蕴藏着某种强烈的力量。所以，他们能够高高在上，就是充分运用了这种力量的结果。

有人说：“理想多得很，不过把理想变成现实的男人和女人才是无价之宝。”这句话说得十分准确，世界上有许多人虽有最美好的愿望，但却没有把它变为现实。这种人就是空想主义者，而空想主义者是当不好领导者的。正如俗语所言：“世上无难事，只怕有心人。”一个人特别是作为领导者，必须有强烈的事业心，才会追求不止，才会在任何情况下都奋发向上，即使有困难、有挫折，也阻止不了他改革和发展的脚步。

一个领导者必须具有强烈的成就欲望。他们想拥有财富，想出人头地，想获得社会地位，想得到别人的尊重。可以说，有什么样的欲望，就有什么样的思想感情，有什么样的思想感情，就必有什么样的行动，欲望决定思路，思路决定出路，决定你是否成功。

著名黑人领袖马丁·路德·金说过："世界上所做的每一件事都是抱着希望而做成的。"这就是说，人们基于对环境的认识，进而找到自己的目标，为实现目标而产生需要，需要又引起动机，动机即是欲望。欲望即是想得到某种东西或达到某种目标的要求。人的欲望越强烈，目标谋取就越靠近，就如同拉弓一样，拉得越满，箭就飞得越远。

综观成功人士，他们都拥有相同的特质，他们都拥有强烈的成功欲望。如果说梦想是迈向成功的方向，那么欲望就是迈向成功的燃料。欲望越强，产生的动能越强，越能克服困难，获得成功。

软银 CEO 孙正义早在 19 岁时就写下了自己 50 年的计划：20 多岁时，建立自己的企业；30 多岁时，挣到第一个 10 亿美元；随后 20 年，巩固和挑选接班人；43 岁后，在 10 年内将企业扩大 10～20 倍。于是，他在 24 岁那年成功地建立了自己的公司，并再次宣称要在 5 年内将销售规模达到 100 亿日元，10 年内达到 500 亿日元，使公司发展成为几兆亿日元、几万人规模的公司。

如果说在充满激情的青少年时代，孙正义拥有崇高的志向、华丽的梦想、庞大的雄心，并不是一件太过突兀的事情，那么在他经历了无数的困难和激烈的竞争之后，在大多数人都屈从于现实社会而放弃自己的志向时，他的豪言壮语恐怕就只能被称为"野心的膨胀"了！但正是这份"膨胀"的雄心，支撑着孙正义在 37 岁时成为 10 亿美元的富豪，更支撑着他建立起了如今这个庞大的国际互联网帝国——软银。

这是一个需要雄心的时代。没有成就非凡事业的雄心，就没有那些推动世界经济主流的高科技产业和企业群，就没有那些最终成为现实的、迅速聚集财富和改变世界的梦想。要成为卓越的领导者，要使人们更广泛地分享市场和技术带来的利益，就必须具有大气魄。这种气魄就是一种领导力，它能吸引人围绕在你的周围，被你的非凡气质所征服。

蒙牛乳业集团创始人牛根生曾说过："我的体会之一是，有市场经济头脑就有一切。简单地说，有思路就有出路。所以，一切竞争要从设计开始，思路怎么样，是一个企业发展有没有战略的问题。"可见，清晰的思路对于一个成功人士是多么重要，但强烈的成功的欲望也是必不可少的，因为欲望决定思路。

总之，一个人的成就有多大，一个企业的发展空间有多大，关键在于立意是否高远，目标是否远大、超凡，是否有达到目标的欲望。这就是领导者与一般管理者、一般员工成就不同、行为不同、生活方式不同的根本原因所在。作为领导者，要有大气魄，要树立起高远的目标，看清了目标就有了带领众人奋进的动力，这样团队才会更强更大。

第四章　改变销量的秘密——没有疲软的市场，只有不正确的营销

没有疲软的市场，因为市场总是存在着需求，只是产品的功能不能满足顾客的需求了，或者产品本来就是过时的，那么就算生产商有大量的供给，也不会引发顾客的购买力。“营销”的概念是体现顾客导向的一个说法。顾客导向是指顾客需要什么，我们就生产什么，这样是在有需求的情况下进行的生产，只要有了这个指导思想，配合营销手段，达到顾客满意，就会创造利润。

正确的营销可以改变销量。宾利的窄众传播、85度C的营销策略、娃哈哈“高钙果C”的成功、“小米”的营销等，都是通过正确营销而改变销量的成功之作。

正确的营销策略——让品牌力决定企业竞争力

中国有着占世界人口总量五分之一的人口数量，一个企业只要善于运用正确的营销策略，深入了解消费者的需求，就能赚个盆满钵盈。只要消费者还有需求，就不可能有疲软的市场！可是，我们的企业目前还停留在“正确地做营销”阶段，自身的营销能力与巨大的市场潜力之间形成了很大的反差。所谓的市场疲软，其本质只是很多企业的经营者缺乏创新精神和竞争战略意识，其表现为推卸责任。面对这一状况，百事公司认为，与其艰难地吸引可口可乐饮料的忠实客户，让他们变换口味改喝百事可乐，不如努力赢得尚未养成习惯而又有迫切需求的目标顾客。

百事可乐公司于1963年做出了长期占领市场的战略决策，成功地掀起了一场称之为“百事新一代”的市场营销运动。他们将重点放在用户需求上，努力提高自身产品在市场上的占有额，又特别注重增进这些产品在人们头脑中的占有额，终于成为新生代们首选的碳酸饮料品牌。这种开拓新目标市场的战略，就连百事可乐的竞争对手们也不得不承认其明智、果断。

试想，如果百事可乐在当年与可口可乐的竞争中，也把自己市场业绩不佳的原因武断、消极地归结为市场疲软、竞争过于激烈的话，那就不会有现在我们看到的“两乐争霸”的壮观景象了。事实说明，一个不敢正视竞争、刻意回避竞争的企业是难以获得成功的。任何一个成功的企业，总是在与它的竞争对手和各种利益相关方的不断竞争博弈中成长壮大起来的。

中国的消费潜力巨大，只要有正确的营销方法，哪怕是卖一根喝饮料的吸管也能成为百万富翁甚至千万富翁。难道我们没看到，一家专门制造香烟塑料包装开启拉条的企业每年也能赚几百万元吗？有一个人在四川成都开了一家工厂，专门为白酒企业生产瓶盖，其一年的收入是700多万元，即使在白酒市场竞争最激烈的时候，也没有亏损。

因此，重视营销吧！在你的产品和消费者的“兴奋点”之间，你要做的就是找到一个结合点。当你做到这一点时，那么你所拥有的就会是一个受到消费者青睐的产品。

产品质量决定品牌力，品牌力决定竞争力。随着品牌经济时代的到来，处于这个时代中的企业也必须以品牌为核心进行运作，并注重自身品牌价值的维护，只有这样才能够在市场中保持自身的竞争力。

企业核心竞争力对企业的发展有着决定性的意义，是企业获取持续竞争优势的来源和基础。核心竞争力能实现消费者所看重的核心价值，为消费者提供超过其他企业更多的使用价值，能够更好地、更全面地满足消费者需要，同时能使企业比竞争对手有更高的劳动效率、更低的产品成本，从而取得更高更长期的经济效益，实现企业价值最大化。

企业的核心竞争力具有独特性，难以模仿和超越。核心竞争力还具有延展性，能够使企业衍生出一系列产品与服务，从而打开多种产品潜在市场，拓展新的行业领域。可见，企业核心竞争力对内表现为企业具有有别于现实的或潜在的竞争对手，难以被竞争对手超越的能力；对外则表现为其给予消费者的独特产品、服务和体验。

品牌经济是工业化发展的产物，在这一发展过程中，大企业、大批量、多种类、多规格、标准化的产品日益增多，市场交易规模、边界空前扩大，竞争的制度约束、规则要求越来越高，价值要素发生差异性“溢价”，用户关系、文化使命、社会责任等问题被提上议事日程，并同创利能力一起影响企业的发展。

在这一时代背景下，企业受到了生产标准化、市场需求差异化和消费者体验至上化的三重压力，而在压力约束下，只有品牌才能够成为企业打造竞争力的基础，因为只有品牌才能够代表对消费者体验的至上关怀，并且给予消费者与众不同的感受，以提供区隔性的竞争壁垒，品牌价值成为了决定企业竞争力的决定性因素。

品牌经营是通过品牌实力的积累，塑造良好的品牌形象，从而建立顾客忠诚度，形成品牌优势，再通过其维持与强化，最终实现牢固品牌的过程。品牌经营与产品经营不同。品牌的生命周期比产品长得多，产品往往只是相对某个特定的需求时期而言。产品经营主要是保证产品的品质与功能，提供消费者使用产品的满意度和价值感，而品牌经营是一种核心的信念，贯穿于整个企业之中，形成企业文化的核心，它所经营的不仅仅是产品，还包括认同，这种认同反映了品牌的个性，体现了企业的实力。因此，品牌经营是企业竞争继单纯的产品竞争、价格竞争、技术竞争、服务竞争之后的高级阶段，是多种竞争手段的综合。可见，品牌经营与企业核心竞争力提升的过程基本重合，难分彼此。

品牌经营与核心竞争力的提升，都是一个不断积累的过程。一个知名品牌的打造往往需要几十年的时间，有时甚至是上百年的时间，保持品牌的信誉也是非常困难的。同样，企业核心竞争力的培养也不是短期内就可以完成的，它是一项长期的、根本性的战略，需要企业构建和发展一个创新型的学习型组织，在不断学习、积累的过程中，增加企业的有形资源和无形资源，形成竞争对手难以模仿和超越的竞争力，并不断地改进和发展这种竞争力。

因此，品牌经济时代的时代特性和企业竞争力的内涵要求，以及两者之间发展的同步性，决定了品牌价值在企业竞争力构建过程中的核心作用。也只有拥有最高品牌价值的企业，才是最具市场价值的企业，并在市场竞争中处于不败之地。

“三只松鼠”为什么发展这么快？

网络上没法做品牌，因为没法靠装潢取胜，也没法靠商场背书取胜，所有传统招数都失效了。“淘宝，是品牌的死亡泥沼！”乍一听，似乎如此，2013 年，好多曾经的淘品牌消失了，虽然它们其实从不曾是一个真正品牌。

三只松鼠电子商务有限公司创始人兼 CEO 章燎原也发现了这个症结，他扬弃了壳壳果的很多招数。他针对互联网，开创了全新的品牌塑造方式——对话式营销。

有种老说法，比如在足球界，梅西是马拉多纳的继承人；又如在篮球界，科比是乔丹的继承人。其实我们知道，没有任何人可以继承他人，每个人都得走自己的路，才有可能超越前人。因为，世界时刻在变。商业也是一样，世界变了，玩法变了。你还秉承旧道，一门心思光大门楣是不可能的。

在营销领域也是如此。从根本上说，传统营销的套路，是没法在互联网打造品牌的。你必须开创新的套路。互联网的第一个属性是虚拟，传统商业很多打造品牌的实打实的招数完全用不上。互联网的第二个属性是泛滥，即使你“成功”再现了某招传统功夫，也会顷刻间被同行抄袭到烂——迟早而已。互联网的第三个属性是社交网络。“人”开始比“信息”重要。一个例子是，书开始免费，比如网络小说，但是作者的名气越来越值钱，甚至有商家来买断。

从前，我们把品牌的外在搞得高端大气上档次；现在，客户看不到这些了，我们就把品牌代言人搞得高端大气上档次，然后让客户可以和代言人一对一地交流。什么是品牌？品牌就是唯一性，品牌就是熟悉，品牌就是与众不同。当我们塑造了唯一性的品牌代言人，这个品牌自然就活了。

品牌代言人有很多种表达方式，三只松鼠采用的是其中一种：品牌虚拟化，并且是最亲民的卡通虚拟化——这和坚果的休闲零食特质是符合的。所以我们看到，不论是三只松鼠描述页的第一屏，还是松鼠包裹的附送物，抑或是松鼠客服的个性化，都是“三只松鼠”这个卡通形象的表现，这种塑造是全程的，是一以贯之的，是统一和谐的。我和你交流了，你一定会记住我，只是深浅而已。

其实这一招，其雏形早已有之。比如传统的服装小店，老板娘就是代言人；再比如淘宝很多百万级卖家，老板有一个口语化的自称，页面到处是自言自语。

销售就是对购买行为的管理。销售人员实施的是卖东西的行为，客户实施的是买东西的行为。因为客户才是最终的购买者，所以每次销售洽谈的目标，应该着眼于客户行为。马克思曾经说过大致意思如下的话：商品的销售就像惊险的跳跃，跳不过这个坎被摔伤的不是商品本身，而是商品的生产者、经营者和销售者。

如果没有适当的客户行为作为目标，销售人员就会制定他们自己的目标，如 IBM 公司的前总裁沃森说：“假设我的工厂被大水冲掉或被火烧掉，只要留下我的人和渠道，我就可以重建 IBM。”仔细琢磨这句话，似乎可以得出这样的结论：销售者必须找准客户行为的时机，重心应该放在购买行为上，而不是销售行为上。通常消费满意度越高，质疑的就会越多，因为期望的成长速度远远强于对于产品表现满意的程度，而低于满意度的产品在刚购买的时候就会产生后悔心理。这也是三只松鼠对话式营销成功的原因。

一念小众，一念服务——宾利的窄众传播

宾利的推广策略是与众不同的，这就是它的窄众传播。即使具有购买宾利能力的人数是3000个，去掉上市公司的高层、政界人士等，宾利的目标人群恐怕还不到1500个。同时，面对先进科技在豪华汽车领域的应用，手工制作的宾利只能说："我们卖的是艺术品，而不是汽车。"

窄众传播的基础是外围的知名度所带来的消费满足感。2003年全年，宾利在中国卖了51辆车，凭借这个数字进入了宾利全球销售排行的前十位。宾利在2002年进入中国的时候，国内有100多辆劳斯莱斯，却只有不到5辆宾利。综合以上的数字，可以推断，现在宾利在中国的保有量也依然比不上2002年的劳斯莱斯。劳斯莱斯在中国的知名度更高，是人们心目中"最昂贵"的汽车。或者说，那1500个客户所要购买的，是另外13亿人的羡慕和认同。

"宾利和宝马、奔驰没有竞争。比如说，我有5000万资产，你有5个亿，然后咱们两个都买了宝马或奔驰，那么，你一定没有满足感。"宾利（北京）市场总监何少华这样说，"中国的新贵，需要一种东西来把财富的档次拉开"。

宾利汽车的样子很普通，甚至有些老旧，让人丝毫感觉不到"嚣张"。在宾利展厅的负责人曾经指着发动机上的一条很显眼的焊缝对人说："这是

人工焊接的，焊接它的工人在宾利工厂里做了15年以上，他的父亲和爷爷都是在宾利退休的。”随后，他又指着司机座位脚下的一块脚垫说：“所有的内饰都是手工缝制的，用真皮缝制一个方向盘，在英国宾利工厂里的标准工时是16个小时；全车使用了17~19头牛的牛皮，因为我们只使用牛脊背上的皮，只有这部分最柔韧，也不会有伤疤；内饰使用的桃木，选择的是桃木节，因为桃木节更坚硬，并且汽车两侧所用桃木的木纹是绝对对称的。”这就是价值368万元甚至上千万的世界顶级豪车！

宾利的展厅用了很多圆形的顶灯，是为了让顾客可以看见顶灯在车漆上的倒影，宾利是用人工手动喷漆的，在复杂精良的工艺下，车漆倒映出的顶灯也是浑圆的，没有丝毫变形，像镜子一样，这是机器喷漆所达不到的效果，宾利的工人用肉眼来保证喷漆的效果。

宾利的销售人员善于“讲故事”，在宾利80多年的历史里，有英伦的女王、无数次的赛事与之相关，宾利车上凝聚了太多与财富和尊崇有关的往事。他们把这些故事告诉给客户，是为了让客户在购买宾利以后，可以炫耀给他的朋友们听。这是宾利的品牌故事，这就是宾利。

最近人们在谈论“广告已死，公关正盛”，对于窄众传播，这句话已经被很好地验证了。宾利很少打硬性的广告，他们多用软性文章；锁定少量几本杂志，几乎从来不用报纸；多讲品牌故事，很少谈科技和技术指标。

对宾利销售促进最大的是推广活动。2002年6月，宾利在北京车展推出888万元的“全球最昂贵”汽车，当时的那辆车是宾利中国公司请求宾利工厂为这次活动专门制作的，并且还顺利地在展出之前被买走；2003年，宾利在上海赞助的“宾利杯”高尔夫球赛，更加集中体现出精准定位对于窄众传播的重要性。让宾利汽车的实物，出现在目标客户聚集的地方，这就是宾利的推广策略。

无论是宾利还是劳斯莱斯，抑或是豪宅、名表，面对窄众传播的时候，更需要清醒地明确出售利益，动用个性灵活的公关手法，以及拥有丰满充实的品牌推广细节。宾利在这方面做得很好，也很成功。

换一个方向就是第一——85 度 C 干掉了星巴克

剩余价值这一说法很容易让人产生错觉，那就是主要价值比较重要，而剩余价值是多余的。事实恰恰相反，你千万不要小看这个事情，不要小看别人的价值，甚至只是别人的剩余价值。全世界说到咖啡就想到星巴克，但是在台湾有一家咖啡店叫 85 度 C，它打败了星巴克。现在上海也已经有了很多 85 度 C 的分店，在福州路、吴江路和定西路上都有，大部分的 85 度 C 都在星巴克的对面。台湾的 85 度 C 干掉了星巴克，这件事提醒人们：留心你的剩余价值。

在台湾，85 度 C 的营业额已经超越了星巴克，为什么？是商业模式的问题，85 度 C 只是做了几件事：第一，星巴克在哪里，我一定开在你的对面，咬住你，你喝咖啡肯定要往这里走。第二，我的价钱只有你的三分之一，我不是叫咖啡屋我叫面包房。为什么叫面包房？因为对星巴克来说，咖啡是主要价值，蛋糕和面包是剩余价值，而现在 85 度 C 把它反过来，把面包作为主要价值。我的咖啡不比你的差，但我的蛋糕比你的好吃，我的蛋糕是五星级酒店做出来的蛋糕水平。在星巴克咖啡卖 30 元，85 度 C 卖 10 元，咖啡是星巴克的主要价值，可是 85 度 C 却作为剩余价值。10 元钱的咖啡赚不赚钱都无所谓，但是我的蛋糕很好吃，客户冲着我的蛋糕来喝我的咖啡。你了解他们是用什么策略在做事吗？星巴克没有留心自己的剩余价值，在台湾，它就这样被超越。

不仅如此，星巴克还受到了来自麦当劳的挑战。原来大家去星巴克喝咖啡，是因为星巴克的咖啡味道比麦当劳的好很多。可是现在麦当劳改变了，很多店都是24小时营业，在星巴克关门的时候，它就是带金色拱门的星巴克，而且麦当劳正在想方设法改进咖啡的质量。所以我们看到星巴克的业绩大不如前，这有它自己本身的原因，也有很大一部分是受到别人的冲击。你一旦有疏忽，你的剩余价值很有可能就被你的竞争对手利用了。

你也许会感到奇怪，挑战者在砍倒对手这棵大树、削弱对手的时候，为什么对手会没有反应呢？大公司人才济济，他们真的有那么愚蠢吗？大公司有时候是会犯愚蠢可笑的错误，不过这种情形当然是可遇而不可求。但是挑战者战略并不意味着守株待兔，等待大公司犯愚蠢的错误。

温水煮青蛙的故事大家都很熟悉。把一只青蛙扔到滚烫的沸水中，青蛙就会立刻受到刺激，本能地逃脱厄运；而把青蛙扔到温水中，然后慢慢地加热直到水沸，青蛙就会在不知不觉中死亡。挑战者的非竞争战略就是要创造这种温水煮青蛙的效果，而要达到这种效果，就必须利用强大对手的弱点。

任何企业都有弱点，领先者也不例外。但对于挑战者企业来说，并不是强大对手所有的弱点都是挑战者进攻的目标或利用的对象。强大对手的弱点可以分为两类：一类是其优势中所固有的弱点，另一类就是一般性弱点，即非“优势中固有的”。如果选择进攻领先者的后一类弱点，那么挑战者实际上是在帮助领先者变得更为强大。因为当挑战者选择进攻的是强大对手的后一类弱点时，对手就会采取措施纠正改进。在这种情况下，挑战者实际上变成了对手的“陪练”，会让对方受益颇丰。

挑战者要想削弱对手并让对手无法有效地反应，就必须充分利用领先者优势中所固有的弱点。这种优势中所固有的弱点，是伴随着强大对手在取得现有市场领导地位的过程中所逐渐形成的“富贵病”。

领先者对挑战者的战略行动无动于衷，是因为挑战者恰好利用了领先者的成功模式这副“有色眼镜”的认知盲点，认识不到新游戏或新规则的意义。领先者对挑战者的战略行动置之不理，是因为挑战者利用了领先者“趋利”的理性动机弱点，选择进攻强大对手的低优先级业务领域，而让对手感到无关痛痒。领先者对挑战者的战略行动不愿反击，是因为挑战者利用了对手“避害”的理性动机弱点，担心“自残”而陷于两难困境，犹豫不决以致错失良机。领先者对挑战者的战略行动不能反击，是因为挑战者利用了领先者取得成功过程中形成的能力刚性，在新游戏或新规则下把对手的能力优势转化成劣势。

简单地说，如果你进攻的是强大对手的优势中固有的弱点，那么你就是在把对手的优势转化成劣势；而如果你进攻的是强大对手的其他弱点，那么你就是在帮助对手将它的劣势变成优势。只有利用对手优势中所固有的弱点，挑战者才能创造和对手没有互动的非竞争局势，为自己创造更多的时间和机会，让对手无法反击。

优势中所固有的弱点才是强势对手真正的致命弱点。企业越是强大，优势地位越稳固、越持久，弱点也就越致命。

阿基琉斯是《荷马史诗》中的英雄。据说在他出生后母亲为了使他能刀枪不入，便捏住他的脚踵，把他浸入能让他刀枪不入的冥河水里，但他被母亲捏住的脚踵处却未能浸到冥河水，这成了他的致命弱点。后来在一场战斗中，他被帕里斯射中脚踵而死。挑战者要想以弱敌强、以弱胜强，就是要善于发现英雄阿基琉斯没有被冥河水浸泡过的脚踵。

要发现强势对手的致命弱点，有时候需要耐心地等待恰当的时机。所谓的优点和弱点，都是相对而言的，当环境变化时，原先的优点就可能变成致命的缺点。

对于挑战者来说，要想以弱胜强，就必须利用强势对手优势中的固有弱点。当对手没有可利用的弱点时，就要尽可能地保存自己，然后耐心地等待时机，利用一切可以利用的条件和形势的变化，借助各种变化的力量，创造各种不对称局势，最终战胜强大的对手。

不做跟风，自有一套——“高钙果C”为什么成功？

如果你身处一个产品同质化程度很高的市场，你首先该考虑什么问题？是继续加大广告宣传投入，还是杀入价格大战的重围，以降价手段来刺激顾客的购买欲望？

答案很简单，一个企业要想在一个产品高度同质化的市场，用广告砸出一片市场，除非你有两个硬朗的条件：一是资金雄厚，一举手砸个三五亿元眼不眨、心不跳；二是产品成本很低，利润空间巨大，譬如脑白金，五六块钱的东西可以卖到一百多块的价格。

但在目前的中国市场，具备这两个条件的行业和企业委实太少，近乎凤毛麟角。否则，创维的老板黄宏声也不会发出“卖彩电的不如卖白菜的”无奈长叹。至于自投罗网地杀入价格战的旋涡，估计没有哪个企业愿意降到血本无归的地步。

消极价格战的最终结果只有一个，那就是全行业价值体系的崩溃，最后谁都会亏得“七窍流血”。解决之道在于两个字——创新，通过创新改变游戏规则来获取新的竞争优势。那么，怎样改变游戏规则呢？难道只是企业自己坐在家里想办法吗？如果真是这样，对不起，你必死无疑！因为，竞争的本质是互动而不是闭门造车！

在动态竞争的环境中，你的动作很大程度上是针对对手的，而对手的反应也决定了你战略的效果，关键是看你们两个怎样动态互动。比如说，海信推出变频空调时，就不希望那些大的空调厂做出反应，因为对手不做反应，自己的变频空调就能卖出去。但同时，海信也给其他空调厂埋伏了一道难题：如果对手做出反应，变频空调就会热起来，一热起来，其他厂家都倒霉，因为它们都没有那么多的变频空调生产能力，而海信30万台空调全是变频的。因此，你必须根据对手的战略，做出适时的策略应对。在这方面，娃哈哈“高钙果C”的成功上市给了我们一个非常有益的启示。

果汁饮料是继碳酸饮料、矿泉水、茶饮料之后迅速兴起的又一种天然营养型饮料。短短三年，它就以代表时尚、健康、绿色、天然的独特魅力抢尽传统饮料的风头。果汁饮料的广阔发展前景吸引了所有在中国市场开疆拓土的饮料企业积极参与竞争：2000年，汇源曾占据果汁市场近四分之一的份额；两年后，统一企业携“鲜橙多”扑面而来；娃哈哈以“娃哈哈果汁，我喜欢”的口号迅速深入人心；“酷儿”凭借可口可乐公司的强大后盾极力扩张；健力宝第五季的广告抢占央视体育频道黄金时段播出；百事可乐、康师傅等也纷纷进场，力图打造自己的一片天地。

在此状况下，意欲创新的娃哈哈本可以凭借自己多年在饮料市场打拼出来的实力和品牌号召力，采取“霸王硬上弓”的方法，达成娃哈哈获取最大化盈利的经营目标。众所周知，在一个行业中，如果行业领导者不能持续不断地为自己建立新的竞争优势的话，其结果就会是，在同一条游戏规则的价值链上被其他众多的市场追随者赶上，最后被动地陷入混战的重围中，被糊里糊涂地瓜分了市场。因此，作为娃哈哈这样的行业领导者，其解决之道在于立即采取“竞争价值链变线”的战略。

娃哈哈面临的局势是，国内果汁饮料市场上主要分成三大阵营：第一类是果汁含量仅为10%～15%的低浓度果汁饮料，这一阵营以统一鲜橙多和可口可乐的“酷儿”为代表。这一类型的产品主要以包装的创新和口味来取胜，但在广告宣传方面都大肆宣传并非其强项的维生素C含量，典型的广告有统一鲜橙多的“多C多漂亮”，还有康师傅的产品直接取名为“康师傅每日C”。第二类是以汇源果汁为代表的纯果汁，由于中国消费者对于纯果汁口味还有一个接受过程，同时纯果汁亦不适合作为一种可随时饮用的日常饮料，因此纯果汁未能占据市场上风。屈臣氏的果汁先生和养生堂推出的农夫果园属于第三类，它们共同的特点是都是复合果汁，一般由胡萝卜汁和其他几种果蔬原汁调和，再制成30%浓度的果汁，目前市场上出售的大都以30%浓度果汁居多。由于较好地照顾到消费者的口味和保留了相当多的果蔬营养成分，加上包装瓶形独特，果汁先生和农夫果园成为果汁高端市场的代表。

那么，娃哈哈该怎样突破呢？娃哈哈敏锐地抓住了一个已经炙手可热的健康概念——补钙。原因很简单，娃哈哈通过调研发现，当前市场上的果汁类饮品产品链条为：从口味型的低浓度果汁，到新鲜、原始型的纯果汁，再到组分强化型的维C概念果汁。这类产品链条缺什么？就缺诉求明确的健康型果汁，而这恰恰是娃哈哈的强项。

二十多年饮料市场的打拼，从儿童营养液到娃哈哈果奶系列，娃哈哈始终不渝地贯彻着“健康饮品”这一概念。“喝了娃哈哈，吃饭就是香”的广告语早已家喻户晓。为什么不把目标明确的健康概念继续贯彻下去呢？于是，一条清晰的产品链条呈现在决策者的眼前：从娃哈哈儿童营养液，到娃哈哈AD钙奶，再到娃哈哈“高钙果C”。于是，娃哈哈向市场推出了娃哈哈“高钙果C”。

作为一种面向高端消费者的新型果汁，“高钙果C”的推出经过了长达一年的市场调研和产品开发过程。它采用了国际最先进的复合果汁技术，每种均由四种不同的果汁原汁按其营养成分科学配制而成，果汁浓度为30%，口味既有独特复合果香，又突出其中的特色成分，同时添加高钙成分，适应了国内庞大的补钙市场，为果汁饮料附上全新的营养概念和有效的营养功能。

同时，“高钙果C”的名字既时尚，又将果汁本身附着的各种特性悉数涵盖，一目了然，非常吸引人。因此，无论是从口味、配方还是功能诉求上来看，娃哈哈“高钙果C”都要比果汁先生和农夫果园更胜一筹。

娃哈哈“高钙果C”的口味、浓度和附加的营养功能都是目前市场上独一无二的，目标消费者覆盖了从儿童、青壮年到中老年的各个年龄层面的消费者，非常具有竞争力。而且，如同娃哈哈其他产品的定价原则一样，“高钙果C”没有因为自己是高端产品就价格高企，相反比竞争对手的价格还要低一截。其零售价格仍然为3元，这一售价甚至比浓度仅为10%～15%的鲜橙多和酷儿还略低，竞争力极强。

与宝洁一样，娃哈哈同样打造了这样一个游戏规则，即变与众不同、优质优价为与众不同、优质平价。这样，一下子就对其他果汁企业的差异化构成了一个很大的威胁：你还想继续高差异、高价格吗？

而且其他厂家如果跟进“高钙果C”的做法，走果汁添加新的营养功能的路子，在速度上起码要比娃哈哈晚至少一个季节，这样，娃哈哈一下子就拿到了主导市场的话语权。如果不跟进“高钙果C”的路数，产品又难以同“高钙果C”竞争，娃哈哈的“高钙果C”很快就会在该领域占领绝对高的市场份额。因此，我们可以看出，娃哈哈“高钙果C”的推出，表面上看是在果汁中添加了钙这个营养成分，但实质上这是宗庆后重建果汁饮料市场游戏规则、实现后发制人目的的高明之举。

由此可见，当你的产品处在一个高度同质化而且竞争相当激烈的市场上时，你就必须要为自己谋划新的出路，建立新的竞争价值链模式，改变市场游戏规则。

学会管理好自己的欲望——专卖店的聚焦策略

小公司的劣势全因小而产生。小公司因资金的短缺，经营未能实现规模化；因组织架构的不健全，而无法充分发挥岗位职能；因生产、经营的局限，市场的全面铺开显得苍白无力。这就是说，因为小，资金不足，人力资源、管理水平跟不上发展要求，技术力量薄弱，品牌号召力不强等，再加上大企业的紧逼，小公司的生存问题成为当务之急。

小公司的优势也是因小而来的。小可以做得更专、更精，更有灵活性和适应性。对于细分市场，小企业比大企业更具有相对的优势。小企业更便于重组和抓住稍纵即逝的商机，正所谓“船小好掉头”。小企业会利用有限的资源专注于一个行业中一个项目的发展，因此，相对于大型企业的项目组来说，小公司具有更强的忧患意识和团队精神，从而形成更强的团队精神。

我们说小公司既有优势又有劣势，但优势、劣势并不是绝对的，小公司只要找到属于自己的生存空间，就能将劣势转化为优势，就能做到扬长避短。所以小公司要努力寻找自己的“生存空间”，而一旦找到，就要把它作为自己的战略目标，坚定不移地做下去，不能为了追逐暂时的利益而见异思迁。这样，小公司就可以像创业时期的大公司一样获得生存和发展。

小公司要想做大做强，就必须深入地了解自己的企业。成功的企业，无一不是对自身情况和优势、劣势研究得很透的企业。企业只有透彻地了解自身现状，对自己掌握的资源了如指掌，才有可能真正从企业的实际出发，制定切实可行的目标，选定有效的操作方法，最终实现在特定领域内的效用最大化。

一位西部的老板曾经希望D公司帮助他完成一个“伟大”产品的销售。这位老板研制成功了一种洗发水，去屑效果极佳，洗完了头发又柔又顺，还含有丰富的维生素原B5。

D公司人员问：“您的期望值是什么？”

“不高，宝洁在我们地区销售额一年5000万元，我能赶上它1/10就行了。”

“那您自己准备了多少资金进行营销队伍的建设、广告宣传、上市促销，您准备花多少精力在渠道、终端进行精耕细作？”

还没等D公司人员说完，这位老板一脸不耐烦地说：“用得着吗？当地各大商场超市我熟悉得很，打个招呼货就能够铺进去，电视上打打广告，产品这么好，肯定卖火！”

尽管后来D公司人员一再强调，洗发水行业已经非常市场化，产品的销售绝不是铺了货再打广告就能万事大吉那么简单；企业必须要了解自己的资源状况，并且要做到能够最大限度地利用自己的资源；因为目标的达成是由企业的资源状况决定的，有多少资源办多大事儿；等等。然而，这位老板一概没听进去，而是以为D公司的服务能力和水平存在问题。

不久，D公司人员恰好到西部为一个客户进行营销规划，侧面打听了一下这个产品。果然不出所料，产品铺进商场3个月，连宝洁产品1%的销售量都没达到，上百万元的广告砸下去，终端还是卖不动货。现在多数终端已经清退该公司的产品，这位西部老板也开始忙着做调整，准备转型了。

一种具有很好品质的产品却没能推广成功，究其原因在于这位老板操作这个项目的营销队伍几乎等于零，也没有同类产品的运作经验；渠道和网络的建立完全通过熟人和朋友，管理极为粗放，除拿出几百万资金用来拍了一个广告，投放了部分媒体，就没有一些具体的营销推广行动。

这位老板失败的原因在于他所拥有的资源和宝洁完全不可同日而语。宝洁不仅具有强大的资金实力和大量的广告支持，同时还具有完善的营销体系和成熟的管理方法。另外，宝洁拥有行业内数十年的运作经验，数以百计的合作紧密的经销代理商，仅仅是在一个地区的销售推广人员就多达上百人。这些资源所产生的综合优势才是宝洁最坚实的市场基础。

仅仅看到别人的成功，却没有看到别人的资源与条件；不顾及自己拥有的资源的实际状况，而为自己制定一些不切实际的目标和发展计划，必然会使企业的经营遭遇困境。

因此，企业在研究消费者的需求、研究市场行情和竞争者的情况时，也要能够擦亮眼睛，认真地审视一下自己企业的资源，评估一下自己的优势，再做出发展的决策。

虽然大小企业之间存在着排挤和竞争，但是只要小企业能够认清了解自己企业的优劣势，夯实精细化管理，并在此基础上扬长避短，专注做自己擅长的事情，就能更好地生存和发展。

产品差异化竞争——不做第一，只做唯一

差异化竞争，是将企业提供的产品或服务差异化，树立起企业在全行业范围中独特性的东西。实现差异化竞争可以有许多方式，如产品设计、品牌、技术、产品功能、顾客服务、商业网络及其他方面的独特性。具体而言，就是通过市场细分和个性化服务来获得差异化的竞争优势，使其成为企业经营战略的发展潮流。

差异化竞争是客户关系管理过程中以客户为中心的思想在企业竞争战略中的一种体现。以客户为中心的思想主张根据客户的需求细分市场，通过对细分市场的个性化服务提高客户满意度，更好地获得和保持客户。能够避开最激烈的正面竞争，根据自己的长处，配合客户的需求，走一条差异化的道路，这种方法应该是值得借鉴的。

现代市场营销理论认为，产品整体概念包含核心产品、有形产品和附加产品三个层次，产品差异化就是因产品的不同层次的差异而形成不同的差异化战略。

核心产品的差异，也就是基于产品功能和效用方面的差异。在行业发展趋于成熟阶段的前期，产品趋于同质化，核心产品的差异就少。在饲料行业，只有那些真正有研发能力和核心技术的企业才可以搞产品实质层的差异化。

如果将饲料行业细分为添加剂、预混、高端合成的话，只有添加剂产品

各具千秋，具有实质层上的差异。其他类别的产品基本趋于同质化，具有实质层差异的较少。但也有做得成功的企业如双胞胎，其产品差异化战略就是全价饲料产品的实质层差异。

有形产品的差异主要是包装、商标、色调、风格、价格等方面的差异，对趋于同质化的产品要追求产品差异化，就只能在产品的实体层上做文章，做出具有自己特色的包装、商标、风格等。饲料生产企业的产品包装和色调也有同质化的趋势，只有商标是不同的。对立志实施差异化战略的企业来说，可以在产品的实体层上多做文章，多创新，不仅成本低，而且收效快。

附加产品的差异主要表现在服务上，包括售前、售中和售后服务，以及诊断等服务。各饲料生产企业均依据企业的资源状况，建立起自身的服务体系。但对中小型饲料生产企业来说，没有能力建立独立的服务体系，可以充分利用现有资源，调动全员力量，实施全员服务市场，企业各部门结合本职工作对客户进行不同侧重的服务，各级服务有机结合，相互补充，相互支持，形成完整的体系。

企业的产品创新、技术创新和服务创新均来自于消费者的需求，差异化的产品只有满足客户的需求，才会得到客户的认可。说起消费者，很多人喜欢做调查。当然调查能得到市场上的一些第一手资料，但是消费者的心理动机研究比量化的数据更为重要。特别是对差异化策略而言，可能定性研究比定量研究更为有效。因为定性研究可以深入了解消费者的认知、动机和购买决策等因素，而调查未必能得到被调查者最真实的想法。

速度比实力更重要——微软公司的以快制胜战略

如今是信息经济时代，市场的发展变化速度比以往任何时候都快。在激烈的竞争中，企业要适应这种快速变化的环境，只能“以快制快”。在企业管理界，广泛流传着这样一则寓言：

静谧的非洲大草原上，夕阳的余晖普照大地，这时，一头狮子在沉思：明天当太阳升起，我要奔跑，以追上跑得最快的羚羊。此时，有一只羚羊也在沉思：明天当太阳升起，我要奔跑，以逃脱跑得最快的狮子。

无论是狮子还是羚羊，要活命，都必须拼命奔跑。如果狮子追不上跑得最慢的羚羊，就会饿死；如果羚羊跑不过狮子，就会被吃掉。

这则寓言中所包含的意思就是要有危机意识，这也是每一位企业领导者所应有的态度，快就是胜利，快就是更多的发展机会。

俗话说“早结网才能捕好鱼”。但凡成功的人都是做事果断的人，在面对机遇时，能够及时果断地做出选择，努力抓住机遇，从来不优柔寡断。因为他们懂得先下手为强的道理。他们通常采取“先声夺人，先发制人”的方式获得主动权。

微软公司所推出的优秀的办公软件 Office 系列，从研究出第一个版本开始，就从未停止过对下一代产品的研究，并总是在其他类似软件尚未推出新版本时就有更高一级的版本问世，从而一次又一次地扩大了该办公软件的市场占有率。

在通信行业，移动电话的更新换代，更是体现了以快制胜战略的精髓。移动电话的生产供应商，面对激烈的市场竞争，连珠炮似的研发出一代又一代的能满足不同用户需求的手机。在它们的竞争中，那些能率先设计生产出具有新功能或新外形的厂商总是能在该回合的竞争中占得先机。比如，在移动通信网络运营商之间，为争夺第三代移动通信技术——3G 优势，中国联通就推出了 WO，表示 World 更宽、Wonderful 更好、Wow 更精彩，而中国移动则推出了 G3，表示引领、影响。

现代的商战已从“大鱼吃小鱼”变为“快鱼吃慢鱼”。大而慢就等于弱，小而快就可变强，大而快就是王中之王！快就是机会，快就是效率，快就是瞬间的“大”，无数个这样的瞬间就构成了长久的“强”。

竞争的实质，就是在最短的时间内做最好的东西。质量是“常量”，经过努力都可以做好，以至于难分伯仲；而时间，永远是“变量”：一流的质量可以有很多，而最快的冠军只有一个。任何领先，都是时间的领先！我们慢，不是因为我们不快，而是因为对手更快。

曾经有一个小故事是这样说的：有两个人一起在森林里打猎，这时他们遇到了一只老虎。其中一个人马上从背后取下一双更轻便的运动鞋换上，另外一个人非常着急地喊道：“你干嘛呢，再换鞋也跑不过老虎啊！”换鞋的人却说：“我只要跑得比你快就行了。”

这个换鞋的人非常聪明。他知道，在两个人竞争只有一个人有活命机会的时候，只有跑在前面的人才能获得生存的机会，这就需要给自己准备一双便于奔跑的鞋。

快是力量的源泉。快就能领先，快就能产生力量。兵贵神速，在现代商战中，以快制胜就是最好的方法。生产相同产品或类似产品或可以互相替代的产品的不同企业，为了抢先占领市场，都在快速创新和快速生产上下功夫。

在科技不断发达的年代，许多产品不断被淘汰，只有创新才能留住企业，当诺基亚取代摩托罗拉，登上中国手机市场销量第一的宝座不过五年，就被淹没在以苹果为首的3G手机的革命性创新浪潮中。如果说诺基亚没有创新可能没人相信，但是有创新依然被市场淘汰，只能说明一点：当今社会创新太慢、创新不够的结果一样会被淘汰。

手机已经不再是传统的通信工具，手机已经和电脑合二为一，其内涵还在不断派生和延伸。也许不久的将来，你所看到的手机已经超越所有想象，拥有强大而繁多的功能。

当今社会日新月异，各行各业中创新无处不在。比如电视从模拟到数字的创新；比如通信的飞速发展让邮政渐渐无用武之地；再比如网络的诞生和普及彻底颠覆了传统生活……

有人说，如今是中小企业的时代，小的就是美的，因为中小企业规模小，经营灵活，应对市场变化的能力强。因此，曾经流行的以单一品种和大批量为特征的规模经济、以规模取胜的战略逐渐被以多品种、少批量为特征的具有快速反应能力的柔性化战略所取代。这就是由于大批量生产对于市场上快速变化的需求反应不够快所造成的。

以快制胜，就是企业之间特别是同行业之间竞争的重要战略手段，因为后发的企业实施跟进战略，相对领导该行业的企业来说，要想在竞争中获胜，就必须克服进入壁垒，付出更高的成本。但并不是任何企业都有能力实施以快制胜战略从而先发制人的。所以，谁快谁就能取胜，谁快谁就能发展壮大。

速度比实力更重要。在这个快速发展的时代，企业要做好快的准备，只要你足够快，就能保证你走得更快，走得更稳，发展得更大。

打造让用户尖叫的产品——"小米"的营销方向

据证券时报网2013年11月4日的消息："小米手机全年销售应该能做到1800万台，营业额可以做到280亿元左右。"虽然离这一年的结束还有两个月，但小米公司联合创始人黎万强对这一年的业绩充满信心。更让他自豪的是，小米2013年有两个指标做到国产手机的第一名：一是手机产品的销售额超过联想、华为等大公司，成为国产手机销售额第一；二是客户端活跃度高于其他国产手机，与三星并行在排行榜上。

"为发烧而生"、"让用户尖叫"，是小米的品牌宣言。一群爱玩的人，做了一些自己喜欢的产品，和"米粉"一起玩。爱玩是以一种极客精神的追求，把自己爱好的事情做到极致。用极限思维打造极致的产品，其方法有三条：一是需求要抓得准，即找准痛点、痒点或兴奋点；二是自己要逼得狠，即做到自己能力的极限；三是管理要盯得紧，旨在得产品经理得天下。一切产业皆媒体，在这个社会化媒体时代，好产品自然会形成口碑传播。尖叫，意味着必须把产品做到极致；极致，就是超越用户想象。

针对小米的互联网思维，小米科技创始人、董事长兼首席执行官雷军谙熟"专注、极致、口碑、快"七字诀：核心是口碑，把用户当朋友，不要把用户当上帝；怎么做口碑？靠的是专注，只做一款产品，每一款产品上下的功夫比别人大；专注还不够，还要做到极致，不给自己留退路，全力以赴，

“极致就是把自己逼疯，把别人逼死”。

如同做文章一样，做人、做企业也讲究境界，讲究立意，企业的战略意图立意高远，气魄才能显现出来。气魄包括两个层面的意思：第一层是企业领导人自身的气质、魄力和人格魅力，具备这些才能够赢得方方面面的支持，凝聚人心；第二层则是指领导能将自己的这种气质、魄力和魅力移植到企业中，让企业通过具体人的行为张扬这种魅力，而要这样，领导就必须是教练，通过对中高层管理干部的言传身教和对广大员工的培训体系建设来实现这种移植。

小米的核心竞争力体现在两个层面上：第一个层面是基础层面，也是共性层面，即小米和其他行业领先者获得竞争优势的基本来源，通过把握基本层面的核心竞争力，小米和其他行业领先者能够区别于行业内的大多数竞争者，站在行业领先位置；第二个层面是差异化层面，即小米与行业内其他领先者在核心竞争力方面的差异，通过把握差异化层面的核心竞争力，小米能够同主要竞争对手开展差异化竞争，获得差异化领先优势。在国际化过程中，充分用自己的核心竞争力，运用低成本、差异化的竞争策略，有效地将竞争优势转换为比较优势，从而在国际市场上呈现迅速扩张之势。

在核心能力的基础层面上，小米的核心竞争力就是利用互联网这一平台，在贴近市场和掌握核心研发技术的基础上，将市场和技术紧密结合的能力。除了掌握自主知识产权的核心技术，市场也是另一个非常重要的方面。小米从创立到今天，一直非常注重网站论坛的建设，通过切身地贴近市场和客户，及时收集客户的需求，由于掌握了核心的研发技术，所以能够将客户的需求迅速转化为定制化的产品提供给客户，满足了客户的要求，从而为客户提供了快速、定制化的增值服务。

小米另外一个很大的优势就是其关联公司如金山软件、凡客诚品、多玩等，由于小米董事长雷军的投资人和合伙人身份，这些公司都和小米有着紧密的联系。利用它们的资源，小米就会具备其他手机厂商都不具备的优势——低成本、高效率，整合速度快和双向推动作用，甚至可以形成一个以手机为纽带的移动互联网帝国。

从一开始，小米就着力从研发、成本、服务等多个方面树立自己的品牌优势。小米最引以为豪的竞争力之一，当属研发，在国内同类厂商中，小米在这方面的实力是公认的首屈一指。在研发投入上，小米的投入比例已达到国际高技术公司的平均水平之上。市场领先度与跨国公司基本达到一致，80%以上主要产品采用前沿技术。小米坚持每年以不低于销售额10%的资金投入研发，这一比例在全国电子百强中排列第一名。

小米能在高端市场上站稳脚跟靠的是自主研发全球尖端核心技术。小米是世界上少数几家能提供下一代交换系统的厂家，是中国申请专利最多的企业，3G坐拥数项行业创新。其生产的通信产品大多是基于自己研发的独立产权产品，能够全面呼应顾客的需求。

小米的客服体系完善。霸气的客服办公区里，有手机行业最大的客服团队。客服团队的后台系统显示屏是小米服务追求“快”的体现，无论是客服主管还是员工，通过它可以看到用户来电的区域分布、电话接通率、服务响应速度等多个指标。

小米海外客服团队快速发展，服务包括中国香港、中国台湾、马来西亚和新加坡4个国家和地区。点滴系统是一个供小米售后团队内部使用的手机端APP，员工都可以在点滴系统上提出自己改进小米服务的建议，这些建议所有人都能看到，所有人都可以进行评论和点赞。所有建议都由专门的点滴系统运营小组来管理，建议的采纳、后续实施的推进以及奖励提建议的员工等动作，完全基于 APP 完成，可以说是一种用移动互联网方式玩转内部管理的微创新。

小米的移动 POS 机与一般 POS 机不同的是，只需要用小米手机扫描产品条形码，用户刷卡即可，这是小米在服务体验上运营产品化思维创新的一次尝试。

小米电视上显示的是 1 小时快修服务，从前台受理开始，到全部维修服务结束，小米承诺不超过 1 小时，同时维修工单进度也能实时投放到小米电视上，整个流程做到透明化，让体验更爽。

第五章　资源有限，创新无限——以弱胜强的秘密

任何企业都存在资源相对缺乏的问题，而要从根本上解决资源问题，还是要靠创新——只有创新才能使有限的资源产生无限的价值。创新是企业生存和发展最强有力的动力，每一个企业都要以创新为核心竞争力。

企业要实现创新，莫过于养成创造性的思维方式和习惯性的创新意识，在做每一件事情的时候，都能习惯性地用创新的思维方式来对待，久而久之就会形成创新能力，并产生创新成果。同时，企业还要不断地学习，因为“创新源于智慧，智慧源于学习”。只有不断地学习，才能为创新的智慧提供源源不断的养分，才能形成不断提高的创新能力。

敢想就有市场——“哈默定律”的广泛运用

“哈默定律”是由美国著名企业家、西方石油公司董事长犹太人阿曼德·哈默提出的，其中心意思是说，天下没什么坏买卖，只有蹩脚的买卖人。

哈默于1898年生于纽约，1917年在医学院学习期间掌管了父亲的一家制药工厂。由于经营有方，他成为当时美国唯一的大学生百万富翁。到了20世纪20年代，他又与苏联进行了大量的易货贸易，而且他无论从生意上还是在和苏联领导人的关系上都获得了很大的收益。接着，他又涉足艺术品收藏与拍卖、酿酒、养牛、石油等行业，在每一个领域里都取得了非凡的成功。

1924年1月21日列宁逝世，这对哈默继续在苏联的活动产生了负面的影响。就在他考虑是否有必要继续留在那里的时候，他随便走进一家商店，想买一支铅笔。售货员给他拿了一支德国造铅笔。在美国这种铅笔只值两三美分，在苏联却值26美分。哈默大度地花了1美元买下了这支铅笔。但就在此刻，在他的头脑中，已把这支铅笔同百万美元的生意联系起来了。

哈默买完铅笔后，就跑去问当时的教育人民委员克拉辛：“您的政府是不是已经制定了要求每个苏联公民都得学会读书和写字的政策?”

“当然，我们认为这是我们的基本任务之一。”

“假如是这样的话，我想要获得一张生产铅笔的执照。”

事情就这样办成了，而此时的哈默还根本不知道制造铅笔的技术。

哈默跑到德国和英国，花高薪聘请制造铅笔的行家里手，随后回到莫斯科选址建厂。虽然他深切地感到，他在列宁保护下的黄金时代已发生巨大变化，但他历经艰辛，工厂终于办起来了，而且提前几个月开工，后来成为世界上最大的铅笔工厂。

无论从哪个方面说，哈默都是一个带有传奇色彩的人物。就在他 90 岁高龄时，仍然在西方石油公司董事长的位置上每天工作 10 多个小时，每年都在空中飞行几十万公里。

为什么哈默能有如此大的成就？就在于他敢想敢干，无论形势如何变化，他总能从变化中看到商机。

人们常说在自己的领域内要下足功夫，人人都要有一项特长，而哈默却在自己的一生中诠释了如何将不同类别的生意做到极致，这是源自于他对经商的深刻理解——天下没什么坏买卖，只有蹩脚的买卖人。

“哈默定律”在商界被广泛应用，比如在营销界就有这样一个关于卖梳子的故事：

有一家制造梳子的企业高薪招聘营销高手，经理为了考验营销人员的能力，给 3 个选手设计了一道测试题，在一个寺庙一周内看谁能卖出最多的梳子给寺庙里的人，并且根据每个人卖的过程中的表现来测定其营销能力和特质，据此给予奖励。

拿到考题，3 个人都蒙了。在寺庙内卖梳子？卖给和尚？这怎么可能呢？搞错没有？

考试要的就是这个效果，让选手们完成无法完成的工作，捕捉在完成工作中每一个人的异常表现。

一个星期的期限到了，3 个选手的最后成绩是：1 号选手只卖出 1 把，2

号选手卖出 10 把，3 号选手居然卖出 200 把。

经理就问他们："你们 3 个都是如何向和尚推销梳子的？"

第一个说："我向他们宣传梳子质量如何好，对头发是如何好，还可以按摩，最后骗了一个头上长癞的小和尚说梳子可以抓痒，终于卖出了 1 把。"

第二个则聪明一点，他说："我提醒和尚说，香客们的头发被风吹乱了是对佛大不敬，如果和尚听之任之的话就是一种罪过，结果他卖出了 10 把——每座佛像前放了 1 把。"

到了第三个，他说："我卖出了 200 把！"

经理问是怎么做到的，他说："我到了最大的寺庙，直接跟方丈讲，你想不想增加香火钱？方丈说想。我就告诉他，在寺庙最热闹的地方贴上告示，捐钱有礼物拿。什么礼物呢？一把'功德梳'。这个梳子有个特点，一定要在人多的地方梳头，这样就能梳去晦气梳来运气。于是很多人捐钱后就梳头，这样又使得更多的人去捐钱。结果，200 把梳子一下就卖光了。"

在这个故事中，3 个推销员所面对的客户都是同样的，但为什么却得到了 3 种不同的结果呢，关键就在于只要你敢想，世上就没有做不到的事。

在当今世界，企业界最具威力的一个潮流，就是积极心理学运动，也就是克服自我挫败、发挥个人天赋和积极思考。"积极思考"这个词汇已经成为全球企业界乃至社会学的一个常见词。

著名的台湾顶新集团如今的成功就是得益于十几年前对中国方便面产业趋势的研判。20 世纪 90 年代初，顶新集团在祖国大陆的投资还仅限于食用油，但在经过系统的产业研究后发现，在日本、中国台湾和韩国已经发展为庞大产业的方便面制造业在祖国大陆才刚刚起步，而且是以低价袋装方便面为绝对主体的市场。随后，顶新集团便以相对高端的"康师傅红烧牛肉面"

为核心产品迅速占领了祖国大陆市场，并连续十年稳坐方便面“第一品牌”地位。而今天的中国方便面产业也已经发展成为以百亿元计的庞大市场。

一个团队要崛起，就要有一个紧跟时代、勇于创新、敢想敢干的领导者与实干家。作为领导者，就应该勇敢果断，不能优柔寡断、当断不断，怯懦的领导者是成不了大事的，只有那些勇敢的领导者才会无畏一切困难与艰辛，带领团队走向一个又一个高峰。

总之，敢不敢想，敢不敢去做，就体现出了一个领导者的魄力。非此，团队的崛起，就是一句空话。

独辟蹊径，步步领先
——空中网和掌控网不凑热闹

由于中国人口基数大，随着手机的出现，手机市场的想象空间仍然广阔。就在手机终端市场的竞争不断升级的时候，却有许多企业不去凑这个热闹，而是为手机做起了增值服务。空中网就是做手机增值服务的佼佼者。

2002 年空中网成立时，短信市场已经被领先者抢占，新浪等拥有互联网门户优势的企业借短信业务咸鱼翻身，大量的小型服务提供商各显神通，甚至利用不规范的方式在被移动运营商释放出的业务空间中贪婪掘金。

刚刚成立的空中网采取了差异化的商业模式，在新开展的 2.5G 业务中投入了全部的精力，终于成了新业务的领先者。为了巩固领先地位，空中网又率先与电影《英雄》合作，取得了《英雄》基于无线数据业务开发的唯一授权。这一创新合作模式取得了巨大成功，不仅开创了手机服务提供商与电影合作的先河，也让新创立的空中网很快实现了盈利，并且一举确立了空中网在中国 2.5G 时代增值业务的领先地位。

继《英雄》系列无线增值业务取得成功之后，空中网又相继获得多部电影的无线增值业务开发权：2004 年电影《功夫》，2005 年电影《神话》和《无极》，空中网开发出一系列的短信、彩铃、彩信产品以及《功夫》游戏，甚至还推出了中国首席电影 WAP 官方网站，而且还趁势于 2004 年在美国纳斯达克上市，成为从成立到上市用时最短的公司。上市后，空中网又借助资本的力量，收购了 SharpEdge，接收了 SharpEdge 的全部市场份额，成了中国电信和中国网通的顶级服务提供商。

为了迎接3G 时代的到来，空中网未雨绸缪，采取了两大举措：一是在 2005 年 5 月全资收购了国内有名的手机游戏公司——天津猛犸，并且推出了国内最大的手机游戏品牌“空中猛犸”，使空中网在中国和海外快速增长的移动游戏市场占据了更为有利的位置；二是于 2005 年底启动了打造手机互联网站的工作，推出了无线互联网门户新域名 Kong. net，确立了自身在中国无线互联网门户领域的早期领先地位。

在手机终端制造商们与外国品牌拼得你死我活的时候，在国产手机制造商普遍亏损的时候，空中网却持续盈利。2006 年 5 月 20 日，空中网公布的第一季度的营收是 2791 万美元，比上个季度增长了 26%。空中网现在已经上升为中国无线增值服务行业的第二大网站。

空中网的成功就在它善于发现市场机会，即不做手机而是做手机增值业务，善于整合产业链，并运用差异化的竞争策略，不断创新商业模式，始终能领先竞争对手一步。同时还注重融资模式的打造，及时上市，然后再借助资本的力量收购兼并，巩固和扩大自己的市场份额和地位，最后由一个行业后进者一跃成为领军者之一，甚至成为游戏规则的制定者之一。

随着互联网的发展，手机不再仅仅是一个语音通信工具，而是一个综合的资讯和娱乐平台，中国消费者对于手机的依赖度越来越高，并成为生活中不可或缺的一部分，尤其是一部分年轻人，对手机的娱乐特别是游戏的需求越来越大。2005 年是中国手机游戏发展最迅猛的一年，据中国移动统计，这一年，仅全球通的“百宝箱”手机游戏收入就达 2. 16 亿元，比 2004 年增长

451.46%。而这只不过是冰山一角。

面对手机游戏的巨大市场，广州一个叫罗尉源的年轻人坐不住了，他想抓住这个机会，大干一场。按一般人的思维逻辑，肯定是加入到游戏开发的大军中，而罗尉源却反其道而为之，他准备做个手机游戏的门户网站，为手机游戏的CP、SP、运营商做产品推广，也就是游戏的经销商。他给自己的公司取了个名，叫“广州掌控网络科技公司”。他的盈利模式是：其一，作为门户网站，与一些手机游戏厂商签订营销协议，由它负责推广，在一定时期内，游戏每被下载一次，掌控网便可按比例收取佣金；其二，掌控网通过提供“过关秘籍”等服务，向玩家收取费用。

罗尉源的想法很快就被“天使投资”看中，并给他投了100万元人民币。掌控网也不负期望，竟然在成立当月就实现了盈利，之后每月的收入均不低于20万元人民币。

成功了的掌控网，为实现对游戏玩家互动平台的整合和布局，一举完成了对最大的游戏玩家公会——魔兽公会网100%的并购。掌控网已经初现手机游戏平台与玩家服务的“航母”雏形，青睐其模式的风险投资家们蜂拥而至，掌控网也如升值的公主，待价而沽了。

掌控网的商业模式能成功，原因有三：一是不在已经竞争很激烈的市场里抢市场，而是在没有竞争或是竞争对手弱的地方找机会。背靠上千家游戏开发商，面对上千万游戏玩家，中介服务是少不了的，盈利的概率大于赔钱的概率。二是发现需求及时跟进，快速响应市场能力强，因为机会总是给有准备的人准备的。三是掌控网形成了整合上下游资源的核心能力，以及具有“过关秘籍”的核心产品，特别是与玩家形成了互动，盈利来源可靠有保障，其模式具有一定的进入壁垒。所以，这也是个较为成功的商业模式。

淘金的不一定能发财，但开饭店的一定不会赔，就像当年美国西部淘金热时，希尔顿却开起了饭店一样。空中网和掌控网的创业成功，说明了创新带来的巨大力量。

创新，就是改变规则——宝洁“象牙皂”称霸百年的奥秘

一家企业怎样才能建立属于自己的游戏规则，使自己保持持续的竞争优势呢？相信这是许多企业都想知道或者正在为之努力的目标。但这需要一种强劲的原动力。那么，这种力量究竟是什么？答曰：创新能力。

创新是什么？长期以来，我们的企业也一直在宣扬：人无我有、人有我新、人新我变、常变常新。但是，这句口号喊了这么多年，很多企业的创新能力却并未得到些许提高。现在，我们仍然常常是看到对手推出了新产品，而且市场不错，这才赶紧去追，结果自己的市场份额已经损失了不少。要知道，所谓创新不仅仅是一项技术的改进，或者想出了一个什么局部的点子，这些充其量只能被称为革新或发明而已。

那么，什么才是创新呢？中国发明了火药，但是中国人拿着火药做鞭炮，而外国人却拿它制造炮弹来攻击敌人，从而成就了其开疆拓土的野心。这才是创新！中国人发明了指南针，只把它拿来当看阴阳风水的罗盘使用，但外国人却将它安装在轮船上用于航海，成了为其国家考察疆域、探索未知地域的帮手。这才是创新！

从真正意义上讲，创新，是以企业所具备的优势资源为依托制定的能够令企业竞争力提升的一次变革战略。创新是一个系统行为，是一项可以直接

提升企业绩效的价值提升战略。

正如宝洁公司前董事长白波所说，“只有创新才是公司的生命线”。一百多年来，这家全球日化的巨无霸公司是这样说的，更是这样做的。宝洁公司的创新并不仅仅局限在产品上，在品牌管理、广告策略、员工激励策略以及其他很多方面，都能体现出宝洁公司对创新的执著追求。

19 世纪 70 年代，美国的大多数日化公司都在生产一般的粗制肥皂，只有少数企业生产一些昂贵的精制皂。大家在传统肥皂上的竞争非常激烈，几近白热化的程度。当时的众多制造商大多还没有把创新提上议事日程，残酷地压榨雇工，大规模地生产和销售现有产品，获取最大化的利益，才是他们所热衷的，至于产品改进，“让它们见鬼去吧”！

此时，只有宝洁公司没有躺在磨盘上睡大觉。为了创立独有的竞争优势，宝洁公司决定生产当时市场上还没有的纯净温和的条形皂，以获得在产品上的差异化优势。

“无心插柳柳成荫”，一个意外的发现吹响了宝洁公司领先世界的号角。

1879 年，宝洁公司创始人的儿子詹姆士和一位化学药剂师开发出了条形的、洁白的、可以漂浮在水面上的肥皂。另一位创始人的儿子——亨利·鲍克特为这种香皂取名为“象牙皂”。这个名字很好地体现了香皂纯白、温和以及耐用的特性。

“象牙皂”的问世标志着宝洁公司的创新精神上了一个新的台阶。它一举打破了当时洗涤用品的产业框架，改写了持续数十年的市场游戏规则，成为了划时代的新产品。但宝洁认为，产品上的创新仅仅是向前走了一小步。

如果换成我们的一些企业，实现了一点创新便如同拥有了一把打开宝库的钥匙，以为这样就可以天下无敌了。殊不知，单一的技术上的优势岂能成为构筑企业竞争优势的唯一武器？在当今这个信息发达、人才流动极快、技术克隆极快的时代，单凭技术上的优势如何能保持企业的恒久发展？没准你刚为你的产品投入大量人力财力，还没等产出，就已经有人走在你的前面了。

宝洁深知这一点，他们意识到，只有以产品创新为基础，并在营销战略上予以创新，使自己的竞争战略也同样具有差异化，才能使对手难以在短时间内赶超，才能真正建立起新的游戏规则。因此，在“象牙皂”的推广上，宝洁公司也没有手软，处处显示出打破旧的市场游戏框架的创新手笔。

在“象牙皂”的推广战略中，亨利·鲍克特建立了纯度标准后，开始大力运用对比性广告以对付竞争对手。不仅如此，他后来开始使用认证方式，让化学家和医师来认证“象牙皂”的纯度，以强调其个性化特征。

在“象牙皂”的广告中，最重要的创新是它使用了婴儿的形象，使婴儿形象成了“象牙皂”早期的象征——柔和。试想，如果对婴儿都足够柔和，那么对一般人就更是如此了。

这些宣传都是前所未有的。“象牙皂”的差异化战略取得了惊人的效果，在美国它成了与众不同的肥皂，获得了肥皂市场领先于其他肥皂品牌的份额。

有一个放之四海而皆准的战略定律告诉我们：当你正在一个产品上获取丰厚利润时，请别忘记旁边还有许多对手在跃跃欲试。如果领先者不主动提升自己的优势、创造新的竞争优势，不久后，可能就会有一大群对手涌入，瓜分你的利益，到那时，你就无法阻挡了。

“象牙皂”同样遭遇了这种形势。20 世纪 50 ~60 年代的行业革命向这个传统的战略发起了挑战，更多的差异化产品出现并开始瓜分市场。

第一个就是 Dial。Dial 是第一个除臭皂产品，除了基本的清洁功能，它还具有除臭功能。随着 Dial 的问世，一系列除臭皂相继出现。

第二个重要的发展是 Dove。Dove 特别强调对皮肤的护理，被称为美容皂。Dove 是 1956 年发明的，后来美容皂也相继多了起来。在差异化方面，Dial 和 Dove 从根本上对“象牙皂”的市场地位构成了威胁。

面对这种市场态势，宝洁有一个很明显的选择，它可以将这些特点中的一个或多个添加到“象牙皂”中。但宝洁公司没有这么做。因为如果这样做，就等于宝洁将自己辛辛苦苦建立起来的游戏规则付之一炬，转而又成为竞争对手的追随者了。相反，宝洁决定为“象牙皂”重新定位。这便是再次超越的开始。

宝洁公司认为，“象牙皂”有一个庞大的消费群体，不同于一般的品牌产品。

作为一个被广泛认同的品牌，它没有一个明显的使用人群，不管男女老幼，不管用作什么目的，从洗脸、洗手到洗澡人们都在使用它，这才是使“象牙皂”独一无二的原因之一。当给消费者 30 个或 40 个品牌，并让他们按品牌分类时，“象牙皂”总是自成一类。这就是它与众不同之处——它是全能型的。

宝洁制定的新的“象牙皂”市场战略是，要拥有一个有基本功能而不加装饰的简单肥皂：没有不必要的成分，没有香料，包装也力求简单；没有艳丽的色彩，外表简洁并具备肥皂的基本功能。比如就包装而言，“象牙皂”首先使用了捆式包装，每捆 6 块肥皂一起卖，这就容易使“象牙皂”被消费者大量购买。

在产品上，“象牙皂”继续保持原来的特点：白色，可漂浮，99.44% 的纯度。但经过创新后，“象牙皂”从具有与众不同的特点的肥皂，变成了具有较高性价比的普通型肥皂。这样它就从一个差异化的肥皂变成一个成本领先型肥皂。

众所周知，塑造竞争优势有两大途径，要么高差异，要么低成本。我们看到，在竞争的前期，宝洁走的是高差异的路线，不但在产品上与竞争对手具有明显的差异性，而且在营销战略上也具有独到的差异性。但是到了竞争对手纷纷跟进高差异路线后，也就意味着这种差异化已经变得没有差异了。

于是，宝洁抛弃了差异化策略，回归“返璞归真”路线，以既有的差异性为依托，同时又着意淡化原先的差异化带来的“品牌溢价”的游戏规则，转而改走平民路线：变单块为捆式，强化了可一次性大量购买的诉求；变与众不同、优质优价为与众不同、优质平价。这样，“象牙皂”又一次成功改写了市场游戏规则，继续保持其市场领导地位。

创新是企业建立属于自己的游戏规则、达成永续经营、实现利益最大化、通往成为长寿公司的必经之路。宝洁公司认为，作为市场领导者，要保持竞争优势，需要拿自己作为竞争对手，勇于创新，不断挑战自己旧的竞争优势，在不断的“毁我塑我”的过程中使企业不断获取新的竞争优势，获得永续盈利。由此可见，率先创新在确立市场地位中起着重要的作用，自我创新则是勇于向自己挑战，抛弃已有的投资和技术，不断以产品开发来创造新的市场机会。

宝洁的案例再次为我们印证了一个营销学的经典理论：作为行业的领先者，只有不断地创立自己新的竞争优势，才能一直跑在游戏竞争对手的前面。在中国市场二十多年的开拓，宝洁一直恪守这一信条。

宝洁一直把消费者当做最大的竞争对手。因为宝洁深知，一个想保持持续竞争力的企业，其核心的竞争优势的资源其实并不只来源于产品本身，还来源于消费者不断变化和提升的需求动向。

因此，在“宝洁之道”中，其核心内容之一就是对消费者需求动向进行精准把握。譬如宝洁的洗护发品牌类群就成功地涵盖了三个消费者最关心的需求——滋养柔顺、护发飘逸、去屑止痒，因此，宝洁可以一直走在消费者的前面去解决问题。

在“宝洁之道”中，核心内容之二是对消费者价值的独特理解与把握。宝洁认为：“顾客关系是宝洁最有力的竞争优势来源，因为我们的品牌是一对一针对他们的需求‘精耕细作’建立起来的。”因此，宝洁在充分理解消费者的价值期望后，又为自己的产品赋予了“自信、成就感”等感性的理念，从而一举占据了消费者对此需求已久的心智，使得自己总是比对手先行一步，多走一步，随时保持一步之遥的竞争优势。

奥克斯集团董事长郑坚江曾经说：“经营企业如逆水行舟，不进则退，慢也是退！”企业要想生存和发展只有“华山一条路”，如果爬不上去就会被摔死。市场不相信眼泪，胜者为王败者为寇。这一点足以说明一切！

只要创新无穷尽，市场就无穷尽
——海尔的“极限法则”

家电市场竞争日趋激烈已是不争的事实，春节市场尤甚。家电厂家如何才能在“白热化”的春节市场中胜出？海尔的成功带给我们新的启示：突破极限才有生存空间。

要想突破极限，就必须创新；而只要创新无穷尽，市场就无穷尽。微波炉里能放金属器皿吗？不能！这是大多数人熟知的常识。但海尔的蒸汽转波炉打破了这个局限，在海尔的新型微波炉里可放一个蒸锅，蒸锅的顶盖就是不锈钢制成的。

洗衣服用什么？洗衣粉！这恐怕是人人皆知的常识。但海尔的环保双动力打破了这一局限，不用洗衣粉照样可以洗干净衣服，这就是中央电视台《新闻联播》曾经专题报道过的“不用洗衣粉的洗衣机”。

使用燃气热水器的人都有这样的烦恼，由于燃气热水器安装在厨房，但使用却是在浴室，如果水温不合适，只能跑到厨房进行调节或请家人代劳。现在不用了！海尔开发的“无线通”燃气热水器可穿过三层墙壁进行遥控。

很多人都有这样的体会，看电脑时间过长就会泪水涟涟，但海尔润眼电脑就突破了这一局限，它能有效护眼。

仔细分析，其实海尔上市的每一款产品都有绝技在身，这也就是为什么海尔的产品总能比别人卖得多、卖得快、卖得赚的奥秘。

这些“绝招”是怎么来的？单纯从技术层面上研究显然没有太大意义。在今天的竞争中，技术已不再是一个孤立因素，许多创新出现于认真寻找顾客需求的过程之中。海尔实施业务流程再造，把海尔人的观念拨正到“彻底的拜用户主义”指针下，发现顾客需求甚至创造顾客需求的能力渐渐接近海尔的核心竞争力。

表面上看，海尔创新产品挑战的是技术的极限。本质上，产品极限突破的背后是海尔人挑战自我、战胜自我的精神。这种精神也就是创世界名牌的精神。创名牌的精神是任何企业在全球化竞争中生存和发展的前提。韩国某大企业设有“落泪室”，为了在市场需要的时间内开发出有竞争力的产品，他们都会成立一个团队，吃住都在“落泪室”里，达不到目标每个人都自觉不回家。

无独有偶，日本有一所特殊的学校，在日本被称为“地狱”、“经济斗士训练所”，该校的宗旨是把日本的企业领导者造就成最强大最优秀的人才，学校的座右铭是“100 升汗水和眼泪”。有人指责该校的训练方法摧残企业干部的精神，学校创始人反驳说：“今天对学生来说，需要的不是知识而是别的东西，我们唯一教会学生的，是让他们如何摆脱困境，把每个学生推到极限，然后战胜极限。”

在资源相对不足的条件下，日本、韩国之所以诞生了一批有竞争力的世界级大企业，上面谈到的精神无疑才是真正的根源。韩国某大企业评价中国企业时，认为只有海尔才是他们真正的对手，而对其他企业不以为然。为什么海尔受到他们的尊敬？答案也是海尔的精神。

海尔的精神是什么？简单概括就是“两创”：创业、创新。创业就是每天从零开始，成功只属于昨天；创新就是今天的工作一定比昨天有提高。怎样做到这“两创”，首先是海尔的干部每天都要否定自我、战胜自我。海尔集团内部有一个高级经理人互动培训班，每个周六都要进行，张瑞敏首席执行官和杨绵绵总裁亲自带领高级经理人团队解剖自己，只有用户需求，没有任何借口，不断寻找更高的目标作为自己的对手，只要战胜自身的局限和落后的观念就能战胜对手。

目前，海尔正在探索“人单合一”的发展模式，并运用T模式来保证人单合一目标的实现。简言之，T模式就是每个人、每个部门把实现自身市场目标的时间定为“T”日，然后再确定T日前要做哪些预算，T日后要进行哪些闭环优化。T模式的目的是通过预算和优化保证有竞争力的目标的实现。如果T模式推进完善，那么，海尔在竞争中就可以做到“不战而胜”。

孙子曰：“夫未战而庙算胜者，得算多也。”又曰，“是故胜兵先胜而后求战，败兵先战而后求胜”。隔行不隔理，市场如战场，如果没有“人单合一”模式下的“T”模式，那么永远都是“先战而后求胜”，也就是为库存生产、销售；而严格推进T模式，就会“先胜而后求战”，也就是为有价值的订单而生产和销售。

海尔的这些创新探索，已经引起欧、美、日等企业和管理界学者的关注，他们认为海尔的管理创新是全球竞争背景下企业的发展趋势，但能否成功，还依赖企业内每个人的素质的提升。对海尔，我们也充满这样的期待，创新无极限，早日创出中国的世界名牌。

寻找差异化，重新划定产业范围——“好邦客”模式

“好邦客”是从英文“CarBank”演绎而来的，它是将国外的汽车银行俱乐部与中国民间的互助会两种形式整合后形成的一种新型的商业模式。这种商业模式以信用为保证，以互助为纽带，实现了生产厂家、汽车经销商、客户、银行四者的互利互惠，整个模式融合了生产、消费、投资、销售、租赁、服务、二手车交易、金融等汽车产业发展的多个链条。

“好邦客”创造了一种生产、销售、消费、金融相融合的商业模式，它的独到之处在于：消费者同时兼具了消费者、投资者、经营者、经纪人的多重身份。因此，不难看出，“好邦客”模式具有如下特点：

一是手续简便。提出申请、签订有关合同、提交一定的资信证明，即可成为“好邦客”的会员。

二是综合了租与售的长处。“好邦客”是一种租售相结合的模式，它既吸收了两者的优势，又与两者有着本质的区别：它比租车更便宜、更方便，最后还能获得汽车产权；比一次性购车和分期付款购车更灵活。客户用较少的前期资金，根据自身的实力与需要在可长可短的时期内拥有一辆轿车，并将客户和汽车经销商的投资经营风险降至最低限度，将汽车的所有权始终置于一种可控的流动状态之中。

三是消费者同时又是储户。“好邦客”实行车辆使用累计积分制，客户每使用一次车，可得到一定的积分，既得到了车辆的使用权，又获得了逐步积累的产权；既是消费行为，又具有储蓄功能。

四是消费者同时又是经营者。客户除了租车自用外，“好邦客”还可以在汽车经销商和特许范围内代亲戚、朋友、单位租车，既方便了亲戚、朋友、单位，又不断地为自己积累了积分。“好邦客”可以容纳大量这类既是消费者又是经营者的具有双重身份的经纪人。

五是客户享有充分的消费自主权。客户在享受服务的同时，可以自由选择所使用的车型、数量和用车时间。在不同积分段，客户可以自主选择是否购买。如果购车，自主选择购买何种类别、档次的车型，加入“好邦客”的客户等于自己拥有一个车行。客户还可享受异地使用车辆的服务，其使用费同样可以计入累计积分中。

“好邦客”的盈利模式的核心是资源的有效整合。“好邦客”用少量的钱撬动了以资本为龙头的汽车生产、销售、投资、消费融合在一起的金融、销售、投资、租赁、二手车交易、消费联动的市场。最关键的一步是较好地利用了银行的信誉。

“好邦客”模式还将汽车的整车销售以拆零的方式实现了租与售的有机结合，既符合了中国人的消费心理，又符合了中国人的消费能力。“好邦客”将自己要实现的利润巧妙地折算在租车的租金和服务费之中，积少成多，消费者不知不觉将钱送进了“好邦客”。

此外，“好邦客”模式以储蓄的形式吸纳了大量二手车。“好邦客”从二手车的交易中赚取了不少利润，成功地不用投资就将二手车作为“好邦客”的车辆蓄水池。

世界著名未来学家托夫勒认为，掌握时间优势、最大化地利用时间将是决胜未来、创造财富的关键。“好邦客”模式将汽车设计、研发、生产、销售、租赁、消费、金融等一系列环节，用一根链条串起来，快速运转，缩短了每一个环节的停留时间，相比竞争对手，赢得了时间上的比较优势。

“好邦客”模式创造了一种中国特色的信用消费。如果将“好邦客”商业模式在时间上和商品种类上广泛推广，建立家电、房产、汽车、高尔夫、游艇等大宗消费品和奢侈品的消费银行，对激活消费需求具有十分重要的意义。“好邦客”模式对改变中国人的消费观念、消费习惯、生活方式起了十分积极的推动作用，“好邦客”商业模式变单纯的“储蓄未来”为“投资和消费未来”，变“未来潜在需求”为“现实需求”。

随着科学技术的发展和经济全球化的深入，财富的流动越来越快，流动面越来越广，这使得地理空间概念变得可有可无。“好邦客”模式的发展趋势是建立全国性的连锁经营网络。

托夫勒在《财富的革命》里认为，知识将成为未来财富创造体系的主体。与“知识创造财富”相匹配的则是“消费生产者”趋势的到来。“消费生产者”是指那些为了自己使用或者自我满足而不是为了销售或者交换而创造产品、服务或者经验的人。“不论是作为个人还是作为集体，只要我们既生产又消费我们自己的产品，我们就是在进行‘产销合一’。”托夫勒曾满怀信心地写道：“产销合一者是即将到来的经济中默默无闻的幕后英雄。”

现在，越来越多的厂家把部分生产过程或服务环节交由消费者完成，而且还对这种“代劳”的行为收费。“好邦客”模式就是“消费生产者”的最直观体现。

“好邦客”模式改变了过去的汽车营销主要面向与依靠的群体是少数强

势群体的游戏规则，将以往想车、爱车却从无机会拥有车的80%的潜在消费群体推向前台，让他们提前实现了有车的梦想。

"好邦客"的另一个颠覆性的意义在于它实现了半个性化定制：每一个消费者可以按照自己的喜好和意愿选择不同的车型与款式。下一步"好邦客"将通过庞大的网络，与汽车生产商共同实现真正意义上的个性化定制。消费者只需要通过"好邦客"庞大的服务系统将自己所喜爱的款式、配置、颜色等需求告诉"好邦客"，"好邦客"将快速地将定制的汽车送到每一个消费者手中。

"好邦客"模式具有重要的现实意义。首先，这一模式培育了汽车二级市场。目前，在中国内地城市还没有真正意义上的汽车二级市场。所谓旧车交易，只是交易手续的办理或者说只是一种无形的、隐蔽的市场。"好邦客"模式以托管、储蓄等方式吸纳二手车，能使相互隔离的汽车一级市场和二级市场有机地结合和联动，使汽车资源在有序流动中实现有效配置和使用。目前，已有一些企事业单位和个人将旧车或委托、或存入"好邦客"，成为了"好邦客"的会员。

其次，这一模式为公车改革提供了思路。公车改革势在必行。从现有的成功经验和做法看，公车改革以交通补贴取代公务车无偿使用已基本敲定。公车改革的瓶颈是司勤人员的安置和公车的处置。目前已试行的出售、拍卖、组建出租车公司、建立汽车租赁公司等方式都存在缺陷和操作上的难度。而"好邦客"模式避免了上述方式的缺陷，为公车改革提供了一种全新的思路。大庆、南京、海南等地运用"好邦客"模式已取得了成功经验。

实践证明，借鉴"好邦客"模式来启动公车改革是可行的和有前途的。这是因为：第一，公车改革的方向是货币化、社会化、市场化，这为引入

“好邦客”模式提供了基础和可能；第二，公车车型多、档次较高，正好符合“好邦客”不同层次的客户的不同需求；第三，“好邦客”模式的推进需要大量司机、车管、维修、经纪、售后服务等人员，为消化相当数量的原机关司勤人员提供了渠道；第四，“好邦客”模式是汽车价值和使用价值的可控流动，它有一套成熟的操作规范，可以在公车集中的机关采取授权方式，建立独立核算的加盟中心，其投资所有权及收益权归原汽车所有者，对分散的公车可以采取托管、储蓄方式加盟“好邦客”；第五，“好邦客”商业模式较其他方式具有更好的盈利能力。

简言之，“好邦客”模式的实质是：通过互助合作的形式充分整合社会资源，充分考虑各参与方的利益，同时又能将各参与方的成本和风险降至最低的一种崭新的汽车经营商业模式。更为重要的是，这种模式可以移植到其他许多行业。

建立市场新秩序，你才有可能是明天的老大

你在烦恼竞争对手紧追不放，还是担心不知如何才能赶上他们的脚步？许多企业会采用模仿策略，希望能解除这样的困扰。但是，一味地模仿，只能使自己跟着对手的竞争价值链走，企业永远也无法成为主导竞争的一方。要在市场上成为赢家，必须采用差异化的战略，改变游戏规则。惟有如此，你才有可能是明天的老大。

“为什么我们的产品前两年还很红火，怎么现在费了好大的劲还是停步不前呢？”经常有企业家提出这样的问题。其实，一个企业在成功追随并取得了消费者的认知后，本该在此基础上开发独有的新的产品卖点概念，以与竞争对手产生区隔，但却一直安于现状。从其竞争优势资源的状况上就会发现，因为前两年这类企业一直是在做行业老大、老二的追随者。而现在老大、老二的产品销势开始滑坡，这种效应叠加到这类企业时，就被放大了，这就是这类企业的销势停步不前的真实原因。

索芙特无疑是一个习惯性的追随者，它总是在对手开发出一个新产品而且适销对路后，立即跟进。但可贵的是，索芙特没有消极地学样子、全盘照搬，而是在此基础上又提炼出一个新的卖点以凸显自己的独特优势。

很多人都有过这样的困扰——洗头发时经常发现不断脱发，但是又不愿去用“章光”等纯粹的治脱发的产品，因为这样不就等于承认自己即将加入

“地方支援中央”的队伍了吗？但后来用了索芙特洗发水就能防脱发，于是就愿意用它。

索芙特洗发水不单单是滋养柔顺，而且还能防脱发。一下子，索芙特既借势提升了自己，在消费者心中的滋养柔顺区确立了地位，又与其他滋养柔顺产品产生了明显的区隔，使得自己成为“滋养柔顺又防脱发”细分市场的老大。

一个行业的领导者和创新者往往是制定游戏规则的主动方，而且会顺理成章地成为市场的老大；反之，被动遵守游戏规则的企业，就只能亦步亦趋地跟随在老大的背后捡些剩饭。

如果一味地采用与竞争者相同的策略，跟进的同时却没有顺势提升自己，提炼出新的具有竞争力的卖点，这样的企业即使短期内会有盈利，但永远也不会成为主导竞争的一方。因为竞争者比你更了解这些游戏规则，这样你就在对方最擅长而非你自己最擅长的领域内与之对抗，赢的概率自然不大，甚至是一种自杀行为。因此，要成为真正的赢家，必须重新规划策略，改变市场游戏规则，以制造对自己有利的局势。

一所大学告诉它的潜在消费者即未来的学生：我拥有上万平方米的新修教学大楼，从国外引进了若干先进的教学设备等。这样一来，这所大学就可能在行业里建立这样一个游戏规则——只有拥有庞大的教学面积和最先进教学设施的大学才是好学校。

这时，假如另一所学校告诉它的潜在消费者：我们从世界多所著名大学高薪聘请多名国际级的教授执教，并与多所世界级的大学建立了合作关系。这样一来，只要其传播力度够大，便可能一举颠覆对手建立起的游戏规则。

这说明，在消费者心目中重建新的游戏规则，只有拥有强大的师资力量和名校协作体系的学校，才是最利于成才的学校。只要你制定的行业新标准被消费者有效认可，你就会成为行业市场的老大，消费者便会把你制定的规则当做重要的购买决策依据。而其他的很多市场追随者也会跟在后面模仿你的概念，从而将这个概念逐渐做大。

当然，如果很多跟随企业一起把概念做得越大，对你越有好处，因为到那时，你会成为真正的老大。譬如，在家电市场的竞争异常激烈的时候，由于产品同质化是普遍的事实，因此顾客在选购产品时，也逐渐失去了能使他们信服的购买理由。而家电厂商也只是用一个个大致雷同的产品技术概念提供给消费者当做购买理由。

由于大家每天都在琢磨这些“看上去很美”的概念，于是“你方唱罢我登场”，导致这些概念的生命周期越来越短。这家刚推出“自然换气空调”，那家马上推出“变频”，接着另一家又推出“杀菌”。结果消费者买来买去，最后发现，自然不怎么自然，杀菌也不怎么杀菌。

海尔却在考虑另一个问题，怎样为消费者提供一个具有相当说服力的并能持续的理由？既然产品同质化，那么用服务来提升品牌吧！海尔终于意识到了对于家电这样的耐用消费品来说，消费者买了产品并不是交易的结束，他们一直考虑的问题是日后的“待遇”会怎样。只有不再把服务当做随着产品附加出去的附庸，而把服务变成为消费者提供实实在在的满意体验的产品，才能使自己的竞争力得到持续的提升。

于是，从 1994 年开始，海尔推出了名为“星级服务”的系列服务产品。这一战略举措，一举改变了市场的游戏规则，消费者也从单一的把产品技术作为购买决策依据，逐渐转变为谁的服务好谁就是好产品。

为了保持服务产品的竞争力，海尔还通过对顾客需求提升和对竞争对手的调研，不断地改进和提升自己的服务策略，使其在顾客心中时刻占有领先的地位。现在，你到任何一家商场，都能看到宁愿多花几百块买海尔产品的顾客。

对于家电产品来说，为消费者提供良好的预期服务远比单纯的一些技术优势来得实在，更何况家电企业目前还真是不能生产出更先进的技术来。因此，不要沿着你的对手设定的游戏规则行事，而应当善于根据自身的资源，并结合市场的需求，采取与你的对手具有明显差异化的行进路线，建立起独树一帜的有利于自身发展的游戏规则。事实上，任何一家成为行业巨头的企业，都是通过创新改变了游戏规则。

创新营销——满足消费者欲望而非只是需求

顾客欲望就是航标灯，顾客的需求不是一成不变的，随着人们对一般产品的基本功能利益的满足，人们的需求更是向着产品的高级卖点和更多的附加价值迈进。

譬如当年人们需要电视机，只是希望能够借此收看一些电视节目，以调节单调的生活，但是随着这个需求的满足，人们开始追求从电视机派生出来的更多利益点，于是企业便不断地研发新的技术以满足这些需求，从影碟机接口、卡拉 OK 设置，到现在的网络电视，企业从而也为自己赚取了丰厚的利润。

满足消费者的欲望，企业要从三个方面入手：一是研究顾客将会对某种产品产生什么样的新的欲望，只要企业把握准了这些欲望的方向，就能使自己在产品研发和营销战略上更具前瞻性，从而获得竞争制敌的先机；二是分析现有产品和现有市场的发展趋势，以顾客的潜在需求倾向为研究目标，创造新的需求市场，引导消费潮流，从而使自己在该新市场占据老大或者寡头之一的地位；三是开发产品新的功能，满足不断升级的顾客需求。

百事可乐作为一家仅次于老对手可口可乐，排名世界软饮料企业第二的著名品牌，20 世纪 60 年代改变了过去传统的顾客定位策略，跳出雷同，清晰地喊出了“新一代的可乐”这个划时代的口号，延请多位世界级当红偶像明星作秀，一举锁定了“二战”“婴儿潮”时代出生的所谓“新一代”群体。

以百事可乐是新生代“专有饮料”的诉求，抢夺目标消费群体在需要解渴或者“扮酷”时需要购买的其他替代品的市场，有效地扩大了原有市场份额。

1993 年，日本的日清系列方便面在面临众多替代品争相抢夺快食和休闲食品市场份额的局面时，向市场发起了一场重要的广告运动，广告词：“饿了吗？请用杯面——日清制造”，从而有效地阻击了替代品的一些攻势，不但保住了现有市场份额，而且还从替代品对手那里抢得了一些份额，使日清产品获得了不俗的销售业绩。

从以上案例我们可以清晰地看到，无论是百事可乐还是日清方便面，它们在品牌再定位的营销策略中都牢牢地抓住了一点，就是满足顾客对某一产品的潜在欲望。譬如百事可乐大胆地喊出“百事的一代”的口号，使得大批思想叛逆、正在寻觅寄托物的“新生代”们趋之若鹜，从而获得了目标顾客的青睐。

对于一些对自身现有的产品和市场依然看好，并且自身具有深度开发产品和市场以及与目标消费者保持着良好关系的企业来讲，在需要新增利润点时，采用扩大现有市场是一个好方法。但是你需要做的一件大事就是不要再固守原先的单一诉求，而是必须采取可以覆盖更多消费者的诉求。

产品同质化，无疑是阻碍品牌化进程的最大绊脚石。在超级市场的货架上我们看到许多品牌的牙膏，大家都在努力地向消费者传递着自己的一些洁牙、护齿、防蛀以及清新口气等利益和好处。直到有一天一个叫“漱口舅”的东西出现才改变了这个格局。

“漱口舅”试图改变人们的使用习惯，比如早晨起床你完全可以不用再费力地挤出牙膏，然后费力地“刷刷”。并且告诉顾客，无论你在任何地方只要你带着它，它都能随时随地使你获得清新、芬芳的口气。显然后者在实际的市场中表现更为出色。

现在我们不但时常可以看到在一些公共场合一些人们的兜里揣着漱口水，在一些西餐厅、咖啡厅和中餐厅我们也经常可以看到餐桌上摆放着一些品牌的漱口水。无疑漱口水的问世使一些企业找到了新的利润增长点，而第一个研发漱口水并把它推向市场的企业当然地赚足了钱。

一般来说，只要你能在提供给消费者的产品利益上，与其他同类产品具有差异化，特别是这种差异显得独特而明显时，你就能使自己获得一个新的细分市场。但是与占领新市场的差别和距离就在于，当你只具有在现有产品功能上增添的一种功能、功效时，你获得的可能只是在现有价格基础上的适当增值，令动心的消费者为新添的功能买单。

当产品同质化程度很高时，任何形式的固守都可能是徒劳的，除非你是行业的“大哥大”。但对处于挑战者和追随者地位的企业来说，可能只有开发新产品占领新市场才是突出重围的有效方法。需要注意的是，在此时，行业的领先者往往会走在前面更新产品。所以，你必须充分发挥“船小好掉头”的优势，摆脱大品牌制定的游戏规则。不怕它步步领先，只要我有差异就有赢的希望，让顾客跟着你向前跑。

美国阿姆公司和汉默公司生产的小苏打牙膏占据了美国洁齿市场五大前列品牌之一的原因是什么？在牙膏大战的硝烟中，阿姆公司和汉默公司花了许多时间教育消费者“你在刷牙时能获得一种更彻底更清洁”的感受，“使你的牙齿像刚刚被牙医专家清理后的感觉”，以此激发消费者对这种牙膏的需求欲望。经过一段时间后，消费者的欲望果然被带动起来，阿姆公司和汉默公司理所当然地成为这个新的分割市场的领导者，并且随后就有大批的追随者蜂拥而入欲分一杯羹。

强生公司的婴儿用爽身香皂，原本是一种专为婴儿提供的清洁保健皮肤的产品，但是在市场策略的检讨和对顾客需求变化的研究中，强生发现现在成年人对保护皮肤越来越重视，甚至一些生产化妆品的企业在它们的广告宣传中出现了“像婴儿皮肤一样柔滑、白皙”这样的由头。于是，强生公司决定将这种爽身香皂来一次大胆的细分市场诉求，“成人使用效果也非常好，它将像呵护婴儿的皮肤一样使你的皮肤获得细致深层的护理”。此举居然大受成年消费者的追捧，成为护肤香皂的新宠。强生公司成功地为产品找到了新的卖点，赚取了新的分割市场的利润。

拜耳公司的成功案例则是为它曾经辉煌的拜耳阿司匹林找到了新的市场。众所周知，拜耳阿司匹林曾经一度是止痛剂品牌的领先者，但是随着泰诺、阿迪威尔等品牌的出现，拜耳品牌的地位受到了极大的威胁。于是，拜耳一方面在这块市场上与这些市场入侵者争夺市场份额，另一方面却在积极地寻找着可以实现差异化的产品需求，以建立新的需求市场分割。

经过不懈努力，20 世纪 90 年代中期，拜耳发现拜耳止痛剂加上合理的饮食和锻炼能够使第二次心脏病发作的概率降低 50% 多，这不啻是一个重大的发现。于是拜耳公司紧急组织医学专家进行反复试验获取数据，取得证实后，拜耳公司毫不客气地把从未患过心脏病的消费者全部囊括其中，声称拜耳阿司匹林新片剂“不但具有止痛功效，而且对于防范心脏病的发作具有明显的效果”。结果拜耳阿司匹林的销量一再蹿高，并在市场上赢得了“永久品牌”的称号。

顾客对某种产品的需求看似是固定的，但欲望却是无止境的。当企业在勘测顾客需求心理时，不要仅仅停留在顾客现在需要什么，或者以后顾客还会需要什么，而是要多想顾客的欲望是什么。企业在这个过程中要注意的是，对顾客的欲望的真实性、发展的生命周期以及市场的接受程度都要做相当仔细的勘测分析，以免产生错误。类似的案例也是有的。

一家国际知名大公司的营销人员发现，消费者对市面上售卖的柳丁汁的口味不太满意。这个消息传到公司总部，引发了该公司高层的关注，他们认为只要顾客对市面上的产品有不满意的地方就是一个巨大的商机。于是，该公司组织了大批的市场调查人员，对市场上这类柳丁汁产品的消费群体进行了大规模的秘密调查。最后调查的结果显示，居然有接近50%的消费者期望能够喝到口味更浓的柳丁汁饮料。

这家公司闻讯后立即开始进行新口味饮料的开发，将产品给消费者的核心利益点定位为“100%天然果汁”，不久后产品上市了，该公司委托广告传播机构创作了看上去很美的广告片，联合终端卖场进行了一系列大规模的促销活动。照理说他们可以等待着收获胜利果实了，可出乎意料的是，市场对这种新口味的柳丁汁的反应却是非常冷淡。虽然这家公司进行了许多的追加宣传，但是最终还是颓势难挽。

可贵的是，这家公司并未就此罢休，他们决定再对消费者进行深入的调查和研究。最后他们终于发现了问题的症结所在。消费者对当时市面上售卖的柳丁汁的口味不太满意，希望它的口味更浓一点，这个发现是不假的，但由于早已喝惯了那些柳丁汁饮料的味道，也不会因为口味稍微重一点儿就彻底地放弃原来已经习惯的产品。而且消费者对于其原材料是100%的天然果汁也是并不怀疑的，他们认为这和他们正在饮用的产品也是一样的，没有什么太突出的地方。所以，消费者没有说谎，而是营销人员错误地发掘了消费者的核心需求。

在经过深入分析研究后，这家公司终于发现了消费者真实的欲望，对于果汁口味的浓淡，只是他们个人口味的调节问题，俗话说“众口难调”，任何一个产品也不可能满足所有的口味。但是对于果汁是否新鲜，就是他们最在意的了。于是，这家公司马上重新确定了其传播诉求策略，将原来的100%天然果汁的诉求改成了以下诉求：

第一，目标消费群体——18～55岁年龄段的消费者群体（兼顾除此之外的消费者）；

第二，独特的消费者益处——新鲜摘取、更有营养；

第三，利益支撑点和理由——因为每一个果子都是新鲜摘取，在××小时之后，新鲜的柳丁汁就摆上了货架，使您可以品尝到最新鲜的柳丁汁。

该公司的这次策略调整，使这种柳丁汁销量立即反弹，取得了不俗的销售业绩。收益的丰厚也使得该公司有了更多资金投入到果园种植和物流配送上，更好地体现了其所诉求的“新鲜”的卖点。

事实证明，在这个买方做主的市场环境中，消费者不会被轻易糊弄。数据可以作为验证营销策略的一种方式，甚至可以作为为决策提供参考的东西，但决不能把数据当做圣经，因为这些数据往往存在着抽象性。你会受到含有大量水分的数据、过时的数据以及测算错误的数据的误导。你需要做的恰恰是切实地沉下去听听顾客的真实反馈。

我们来看看许多世界大公司的老板和高阶人士的行踪，你就能找到其中的答案。这些老板和股东们平均一年中有近一半的时间在全球各地有自己公司的生意的地方旅行，有的竟然达到200多天的时间，他们在干什么呢？沉下去了解市场、了解顾客，检验数据的真实性、纠正数据的错误、熟悉各目标市场的特征。

有一个海尔的案例非常生动地说明了满足客户愿望带给企业的好处。在四川省某地，一进入秋天便常常有农民报修洗衣机，技术人员在维修时发现，大多数故障是因为农民的使用不当引起的。原来当地农民多种植地瓜，许多农民为了图方便，就用洗衣机洗地瓜，于是经常会造成洗衣机排水口的堵塞。

针对这一情况，海尔服务部认为，应该加大宣传力度，告诉农民不要用洗衣机洗地瓜，否则会造成排水孔的堵塞，增加洗衣机的故障率，给维修带来太大的工作量。如若消费者因使用不当而导致洗衣机损坏，维修时就应该收维修费。

然而针对这件事，海尔首席执行官张瑞敏却有不同的看法，他认为：既然消费者用洗衣机来洗地瓜，说明这种需求存在，海尔的技术人员应该想办法从技术上进行突破，看看有没有可能研发出一种既能洗衣服又能洗地瓜的洗衣机。于是，海尔对洗衣机进行了部分改造，扩大水流输出部分，以便能够承载洗地瓜的要求。随即，海尔在当地推出了“地瓜”洗衣机。结果一投放市场就大受当地农民的欢迎。

面对同一件事的两种不同思维，恰好反映了企业的市场营销观念到底是以自己的产品为中心，还是以消费者的需求为中心。海尔适应农民洗地瓜需求的市场营销策略，使他们赢得了更多的消费者和市场，也获得了更多利润。没有人能够创造需求，但至少我们可以发现和挖掘消费者的潜在需求。这就需要企业的老板要具有独到的眼光。

市场营销之所以存在，就是因为我们要满足的并非需求那么简单，而是欲望。很多人在深入地洞悉顾客的真实需求和欲望后制订相应的对策，这就是创新营销！

为客户创造价值——经营“人心”的秘密

我们知道，通过创造不对称局势，挑战者可以避开和强大对手的正面竞争，在领先者的阴影下获得生存发展的宝贵空间，形成积极主动、有利于己的态势。但是经营企业要取得成功，仅仅考虑创造和强大对手间的不对称局势是不够的，还必须赢得客户的认可。

失败的挑战者有一个不容忽视的错误是，在没有或很少竞争的时候，企业还没有形成基本的运营能力，不能够为客户创造真正的价值或突破客户的接受障碍，结果被自己打败。只有当挑战者采取的战略行动为客户创造价值时，以弱胜强、以小搏大才能够真正实现。

“为客户创造价值”是企业文化理念之一。事实证明，只要持久坚持这一理念，就会为企业带来丰厚回报；只要将其深入贯彻到公司每一个员工心中，它所发挥的作用将是永远的。

美国通用电气公司前董事长兼CEO杰克·韦尔奇曾告诫员工：“要想拥有一流的质量水平，仅仅做到产品合格、无瑕疵是远远不够的，必须为客户创造价值，并让顾客感受到产品的优良品质。”韦尔奇为了企业的品牌、名誉和客户，毫不犹豫花费6亿美元换掉了330万台出故障冰箱的压缩机；现任通用电气CEO伊梅尔特平均每天拿出20%的时间与客户对话。想用户之所想，急用户之所急，充分与客户进行“心”的交流，为用户提供最优质的产品，竭尽全力为用户服务，这就是通用电气为什么能做成百年老店的主要原因。

“胖东来”从一个不起眼的小糖烟酒店发展成为一个大型的商贸集团，店铺遍及许昌城区及郊县，它发展壮大也是“为客户创造价值”，竭诚为客户服务的结果。“不满意，就退货”的经营理念紧紧地抓住了广大消费者的“心”，整日顾客盈门，车水马龙，络绎不绝，赚得盆满钵满。退货、调换顺畅；鞋坏了，修修不要钱；不是在“胖东来”买的东西，同样可以享受他们的服务；电器坏了上门维修；衣服裁边熨烫不要钱，这所有的优质服务怎么会不赢得消费者的心，他们购货买物肯定会去“胖东来”。

一家企业只有拥有高品质的产品和服务、与众不同的特色、领先的技术及高雅的文化内涵，才能长久地拥有顾客的心，才能获得丰厚的市场回报。麦当劳“以客为尊，一切为你”的经营理念，福特“品质第一”的口号，大众汽车“以客户为中心”的全球发展战略，都说明了“为客户创造价值”的重要性。

“为客户创造价值”，说白了就是占据消费者的“心”，得民心者得天下，经营企业就是经营人心。现代商战的胜利，不在于你占据了多少个商场，而在于你占据了多少个消费者的心。从这个意义上可以说，市场也是情场，谁钟情于顾客，对顾客真诚、尊重、信任，处处为顾客着想，谁就能赢得顾客的好感，谁就拥有市场。

“为客户创造价值”，经营人心的方法有以下四个步骤：

第一步是透析心灵。我们都知道，失败的品牌各有各的原因，成功的品牌却都有一个共同点，那就是对消费者心灵透析得清清楚楚，获悉他们内心的渴求，找到进入消费者情感需求的切入点，并能够提供合适的产品和服务去满足，与消费者达成了心灵的共鸣。那么，如何去透析消费者潜藏着的内心世界呢？

一是亲密接触消费者。只有到市场中，深入到消费者之间，并与他们亲密地接触，才能获悉他们内心世界的所思所想。许多企业家仅凭其直觉判断就能够取得市场成功，因为他们常常深入一线，与经销商、消费者聊天，凭借其智慧和经验足以从中剖析到消费者内心真实的需求。例如，史玉柱就通过不断跟网游玩家聊天的方式获得他们内心的渴求，从而使巨人游戏一鸣惊人。

二是不放过蛛丝马迹。不管是与消费者聊天，还是分析各种资料，我们都不要放过蛛丝马迹。因为消费者总是“言非所意，意非所言”，只有一些无意中暴露出来的点滴信息才能真实地反映其内心世界潜藏的意识，事实上，那种意识本身就是难以表达的，正所谓“无法形容”。各种资料也是如此，由于每个人的理解不同，即使撰写者标榜自己如何客观和公正，其实都是带有其个人意识的烙印，但是言语之外还是可以露出真相的蛛丝马迹，这也是那些高级情报分析人员可以从公开的一些报章杂志上分析出非常有用的准确信息的原因。因此，透析消费者的心灵一定不要放过蛛丝马迹，那些从点滴的、微弱的信息中分析得到的东西往往是最有价值的，足以让你所向披靡。

三是多问几个为什么。透析消费者的心灵千万不要想当然，自以为是，而要多问几个为什么，不仅问别人，还要问自己。通过多问几个为什么，就可以启发消费者清晰其内心的真正想法，从而更好地描述出来，也有助于你更有针对性地问为什么，不断地重复问与答的沟通，消费者的心灵自然便向你敞开。此外，还要向自己多问几个为什么，主要是用于评估相关信息的价值，以便做出准确的判断。

第二步是因需而造。经过成功地透析心灵之后，我们就可以获悉消费者的真实需求所在，作为品牌主体就要根据这个需求而创造，而不是根据自己的想法去生产。

其实，因需而造是一个非常古老的命题，在古代由于我们的生产力落后，很少东西可以像如今的时代那样机械化大规模地生产，只能根据顾客的需求而制作。最明显的例子就是服装，那时的衣服都是量身定做的产物，后来随着生产力的飞速发展，统一规格的衣服可以大量生产，变得物美价廉，深受消费者喜爱，定制衣服便成为少数人的选择；然而，今天我们的社会又进入了一个崭新的个性化时代，每个人都希望自己更有个性，因此定制衣服又成为时代的潮流。同时，网络技术的突飞猛进，也为这种个性化的需求服务提供了技术的可能。

此外，因需而造还有一个非常大的优点，那就是可以减少库存，避免积压，这是世界上最大的电脑生产商戴尔的成功之道，其总是根据客户的需求而定制产品，几乎可以做到无库存经营，当然成本就可以降到最低，形成强大的竞争力，在市场中所向披靡。

现在连最垄断的烟草行业——国家烟草总公司都开始实行订单生产（因需而造的一种形式），若是你那根本就没有垄断力的公司还置若罔闻，那就可笑至极了。总之，因需而造是品牌营销的一个非常重要的原则，也是取得成功的不二法门，只有坚守它才能够实现品牌稳健而快速地成长。

第三步是有所超越。倘若竞争对手亦能因需而造，造出同样的产品和提供一致的服务，那么我们如何赢得消费者的厚爱而取得竞争的胜利呢？唯一的答案就是有所超越。我们要做到在某些方面超越竞争对手，哪怕是极小的细微之处，同时这样的超越还要让消费者认同，换句话讲，就是让消费者认为我们有所超越于他人，这是至关重要的一点。

我们不妨从小处着手，从小事做起，诸如产品的质量、功能、外观、技术和概念以及服务等。只要在某一方面有所超越，哪怕是微不足道的地方，都有可能获得竞争优势。例如，几年前，TCL 进军手机产业，当年既没有经验也没有技术，与竞争者相比根本找不到什么优势，后来在手机外观上找到突破口，推出所谓的钻石手机，在炫耀性上足以超越竞争者，满足一些人的攀比心理，结果风靡一时。总之，只要仔细观察、用心琢磨消费者所在乎的因素，定能发现突破口，实现有所超越，赢得市场竞争的胜利。

第四步是满意价格。所谓满意价格策略，就是要以客户情感满意为目标，制定出正合其意的价格；即使一时不满意，也要通过有效的沟通使其觉得这个价格合情合理而物有所值。当然，这个策略并不是完全不考虑自身成本和竞争价格，而是把它们作为参考指标。

情感满意价格是不是价格越低越好呢？大部分的时候可能如此，但也不尽然，特别是艺术品、时尚品、体验活动等带有难以估量的情感价值的商品。例如，有一个收藏家想收藏一件他梦寐以求的艺术品，终于在一家旧物店发现，店主不识货，开了一个极低的价格，让这位收藏家很是失望，看着收藏家那失望的样子，店主以为价格还是太高，又以五折价格向这位收藏家兜售，虽然最终这位收藏家还是选择购买，很多人以为这位收藏家捡了大便宜，但是这位收藏家对这件艺术品已经感到索然无味。

客户满意价格就是那样奇妙，让商家难以捉摸，要制定客户满意价格一般要抓住两点：

一是洞悉客户心中价位。客户心中的价位，无非是来自其所知的竞争品和竞争商家同样商品的价格，因此，对客户所知的竞争品和竞争商家同样商品的价格，我们要有非常熟悉的认知，而不要只根据自己的成本单方面去定价。

二是与客户真诚沟通。只要我们的定价具有合理性，又与客户进行真诚沟通，客户会理解我们的价格的。例如，在原材料普遍涨价的时候，合理地提价是可以理解的；同样促销降价也要有合理的理由，不要无厘头地降价，否则，客户也不会买账。如前面提到的收藏家的故事，如果与客户多多沟通，或许就很容易获得他心中的理想价位，一方面可以增加企业自身的销售收入，另一方面又可以使他心情愉悦，最终形成双赢局面，这是制定客户满意价格最重要的出发点。

当然，满意价格策略看起来容易做起来难，是一个非常复杂的心理学命题。但是，即便如此，为了品牌的快速成长，我们也要朝这个方向努力。

总之，“人心”就是现代企业强大的竞争力，“人心”就是效益。“为客户创造价值”就是经营“人心”，经营“人心”是企业竞争制胜的法宝，是企业基业常青的关键。谁赢得了“人心”，谁就占据了竞争的战略制高点，占据了主动，就会领先；谁丧失了“人心”，谁就要被动挨打，就要被淘汰。唯有建立在“人心”之上的企业，才能在激烈的国际竞争中立于不败之地；唯有与客户共利益、共成长，帮助客户成功的企业才能生存和发展。

第六章　持续盈利才能做大——组建互补联合体，变竞争为竞合

在传统的企业战略研究中，企业间的关系被分为竞争与合作两种形态，二者泾渭分明。但随着市场竞争的日益激烈，企业间的关系又出现了第三种形态，即互相竞争的同时，又有为共同利益进行的互相合作。企业间这种既竞争又合作的关系，就是所谓的竞合。竞争合作，合作竞争，再竞争再合作，形成一种螺旋式的上升，这种"互升式"的竞争着眼于把蛋糕做大，在做大蛋糕的基础上大家都有可能比以前得到的更多，从而使企业能在一个较小风险、相对稳定、渐进变化的环境中获得较为稳定的利润。竞合强调企业一改以往"鱼死网破"的竞争思路，而坚持"双赢策略"，其实质是实现企业优势要素的互补，增强竞争双方的实力，并且将其作为竞争战略之一加以实施，从而促成企业建立和巩固市场竞争地位。

新时代的竞争战略是以"合作"与"培养竞争伙伴"为主题的，竞合理念正是一个典型的合作博弈类型。"竞合"理念的提出，意味着企业如果想在竞争中立于不败之地，必须要在竞争的基础上学会合作。选择"共赢"，还是"皆输"，只是一念之间的事。身处竞合时代的企业，应该更多地考虑如何处理好竞争与合作之间的关系，为企业发展营造良好的外部环境，而不是无休止地厮杀。

价值链管理，助推企业在强强联合过程中利润增长

与一些国际化大集团、大公司相比，我国企业目前在资金和技术上都处于劣势。要想在竞争日益激烈和管理水平不断提高的国际市场立足，就必须加强自身的实力，充分利用劳动力成本优势，争取市场竞争中的成本领先地位，不断扩大销售，抢占市场份额。但传统的成本管理方式已经不能适应现代企业管理的需要，要求企业对产品生产和服务过程中的各种活动进行价值链分析，扩大成本管理的范围。贯穿企业经营活动的基于价值链的战略成本管理，逐步成为现代管理者进行成本管理的一个重要方式。

从企业经济活动的角度分析，价值链是企业为客户、股东、企业员工等利益相关者创造价值所进行的一系列经济活动的总称。企业创造价值的过程，一般可以分解为产品开发、设计、生产、营销，以及对产品价值形成起辅助作用的一系列互不相同但又互相关联的经济活动，或称之为“增值作业”，其总和即构成企业的价值链。

价值链管理在现代企业进行强强联合、优势互补、资源共享、风险共担的过程中具有重要意义，其作用主要表现在以下三个方面：

一是用价值链确定企业经营范围。研究价值链中的成本、价值分布，对战略管理和财务管理有特别重要的意义。例如，IBM 公司主要控制产品设计、

装配、市场开发方面，对元件生产和分销有一些控制，而对售后服务几乎不控制；Dell 公司只对装配、市场开发、生产、分销、售后服务控制，而对元件生产、产品设计不控制；Compaq 公司主要控制装配与市场开发，对产品设计有些控制，而对元件生产、分销、售后服务则很少介入。

二是用价值链帮助企业定位。企业从整个竞争环境出发，统筹规划，将价值链各环节定位在理想地点以获取最大利润。在价值链中，生产原材料、零部件的企业属供应链的上游企业，而生产最终用户所需产品、分销、售后服务等属下游企业。一般上游企业提供较多标准化产品，它们的产品范围窄，需求量大，为达到规模经济常比下游企业应用更多的自动化、连续化设备，因而具有资金密集的特点。由于资本投入多，若产量达不到规模经济的最低限度，就要影响获利。因此，这类企业有时情愿降价以扩大销售量，也不愿减少产量。下游企业是根据市场需求组织生产，产品品种繁多，更新换代周期短。企业要根据价值链分析，选择最佳定位。

三是用价值链评估技术价值。根据价值链理论，建立技术评价模型，评估贸易中的技术价值。价值链的计算是一项复杂的工程，需要收集各项活动各环节的财务数据，但通过价值链分析确实能给企业管理决策提供重要依据。

价值链管理是基于顾客的价值观，管理的重点是围绕顾客所认知的商品效用，管理过程是由顾客提出需求，经中间商反馈到制造者的逆向链接，从商品的个性化和实效性等方面考虑需求弹性的变动，采取“一对一”的单件生产模式和差异性市场营销策略，把顾客的意愿融合在可变的实施互动管理中，从而实现企业的利润目标。

价值链管理始终围绕着顾客的价值观念制定和实施企业的各项战略和

对策，这就要求各项管理职能具有高度的前瞻性和瞬间应变能力，以适应迅速变化的市场和竞争环境。企业为了减少由于信息不完全、不对称和滞后性所带来的管理混乱，就必须运用一切营销手段，主动影响顾客的价值观，向顾客灌输企业的价值观念，努力减少生产经营者与顾客的价值差异程度。

企业从事价值链活动，一方面创造顾客认为有价值的产品或劳务，另一方面也需负担各项价值链活动所产生的成本。因此，企业进行价值链管理，必须分析企业的各项活动哪些是增值的，哪些是不增值的，并进一步判断各项价值活动所创造的利润空间，从而选择价值活动。为此，需要仔细分析企业的价值链的构成。

企业价值活动分为基本活动和辅助活动两大类。基本活动涉及产品流程中的各种活动，如生产、销售、售后服务等；辅助活动是辅助基本活动，通过采购、技术开发、人力资源管理和企业的基础设施与各种具体的基本活动相联系并支持整个价值链。企业在确定价值链活动的各节点的同时，要关注价值链的另外三方面：

一是交易价值链。业务外包，寻求合作伙伴，是现代企业经营战略的一种选择，企业价值增值业务外包必然会产生与其供应商之间的交易行为。交易是企业获得供应商增值价值的基本方式，交易成本的高低则直接决定了企业是否进行该项业务外包。假设外包企业生产一个单位 A 产品的成本为 C_0，供应商生产一个单位 A 产品的成本为 C_1，外包企业与供应商成交一个单位 A 产品交易成本为 C_2，当 $C_2 < C_1 - C_0$ 时，企业决定业务外包；当 $C_2 > C_1 - C_0$ 时，企业放弃业务外包。由此可见，交易成本的高低对价值供应链的运行有着十分重要的影响，上下游企业间的交易流已形成一条独立的价值供应链。

二是知识价值链。在供应链运行过程中，知识流表现为各种形式的信息流动，如产品开发企业获得的是本企业产品与国内外同行业企业之间在品牌形象、定位、市场份额、生产技术等方面存在的异同情况以及一些具体数据，这些信息将传递给产品定位、产品策划、产品传播、产品生产、产品储运、产品销售等同一品牌价值链上的其他节点企业。可以说，任何一个节点企业产品价值增值过程都必须要有特定的信息给予支撑，同时也通过自己的价值增值活动生产出一定质和量的信息并传递给其上下游企业，这在客观上形成了知识价值链。

三是物质价值链。很多产品经历的价值增值是非实体的，如产品形象、文化、传播、交易、储运、服务等，表现为不同形式的信息活动、商务活动、物流活动，虽然没有直接创造价值，但它们必须依附在实体产品介质上，如产品策划方案、订单、转账支票等，实体产品价值和这些非实体的实体产品介质在供应链上的流动形成了物质价值链。

交易价值链、知识价值链、物质价值链具有相对独立性，但又相互影响和作用，交织在一起，形成价值链脉络，需要供应链管理在分析评价价值链过程中极其关注。

一般而言，每个企业总处在产业价值链上的某一个或几个环节，有时甚至跨越整个产业链，也有一些混合性的企业集团可能跨越不同的产业价值链。从横向看，行业价值链是指企业所在行业内的同行企业、竞争者、合作中介、供方、需方、规则与管理等诸方所构成的价值关系和环节的总和。由于现实中各企业组织间联系的复杂性与多重性，在分析产业行业价值链构造时有可能出现两个维度的价值链重叠的情况。

价值链管理的目标是创造一个价值链战略，这个战略是为了满足和超越客户的需要和欲望，为了达成链中成员的充分的无缝整合。一个好的价值链可以使链中的各成员像团队般地工作，每个成员都为了全部过程增加相应的价值——快速组装、更准确的信息、更快的客户反应速度和更好的服务，等等。价值链中的各成员合作得越好，就会更好地为客户解决问题。

适时修补"短板"——不要轻视"木桶定律"

木桶定律，是指一只木桶能装多少水，完全取决于最短的那块木板。大多数组织，面临的一个共同问题是，构成组织的各个部分往往优劣不齐，而劣势部分往往决定整个组织的水平。因为长的板子再长也没有用，水的界面是与最短的木板平齐的。决定木桶容量大小的不是最长的那块木板，而是其中最短的木板，这似乎与常规思维格格不入，然而却被证明为正确的论断。

多年以来，长城电脑公司在技术方面始终处于同行业领先地位，然而长城电脑却一直难以获得较大的发展。原来长城公司的老总是搞技术出身的，所以对技术及生产非常重视，却忽视了企业发展的另一个主要环节——销售。在过去的几十年中，长城电脑公司不断投入巨资进行技术研发，从而取得了令同行羡慕的技术进步。过于强调技术和生产的经营观念使得它的销售部门很难聚集一流的销售人才。在企业收入分配方面，销售部门的收入远不及研发部门，仅仅是与车间持平。在电脑行业，同行广告费占到销售额的7%，而长城电脑的广告费只占3%。因此长城电脑的销售与市场始终没有大的起色，公司的效益也一直难以提升。

与长城电脑相比，联想在企业的整体管理方面要做得好多了，因此联想就取得了比长城电脑更好的经济效益。柳传志和他带领的新一代联想人虽然清一色是中国科学院的计算机专业人才，技术是他们的强项，但他们特别重视企业的整体运作，不忽视任何一个方面，特别是电脑市场的拓展与开发。这就造成了两个公司的巨大差别：联想现在已经是全球最大的个人电脑生产商，而长城电脑在国内还排不到第三。

由于公司高层的忽视，销售成为长城电脑的弱项，以致影响了整个公司的效益。这正应验了管理学中的“木桶理论”。

从价值链的角度来看，制约企业发展的往往是价值链中最为薄弱的一个环节，习惯上称为企业管理的“短板”。“短板”的表现主要是企业某一方面的职能不健全或弱化，特别是那些对于企业的发展起着关键作用的管理能力、资金、技术、人才问题等因素，如果这些因素难以和其他职能实现协调统一的发展，那么就会使企业的整体运作能力降低，盈利能力降低。

企业是一个由很多板块组成的组织系统，如果一个企业只是一味地发展优势、强化“长板”，最终就会使本身产生问题。就像一个看似体格健壮的人，如果对某一种疾病不注意防范，最轻微的病因也会成为对他的致命一击。最好的例子是秦池酒、爱多这些当年风云一时的企业。它们只看到了央视广告标王所带来的市场知名度方面的优势，一度获得了成功，却没有在企业的基础管理、市场营销、市场形势分析方面给予足够的重视，导致企业的“长板”无限制地发挥，最终由于失去了其他板块的支持、配合而断折。事实证明，“长板”是优势，但不能脱离整体板块的实际，否则就会犯经验主义错误。

发展“长板”是企业管理过程中很容易出现的习惯性思维，但企业管理的基本要义是要对许多板块协同管理。从某种意义上讲，管理的重点应放在发展和运用好“短板”上，放在提高整体板块的均匀性方面。在管理实践中，一味强调优势或“长板”，有时会产生致命的不良影响。木桶原理告诉我们，只发展“长板”而忽视“短板”的代价是非常巨大的。因为尽管你倾其所有找到并发挥企业的优势，但如果你没有注意到企业“短板”并找到增长“短板”的手段，你的管理也会最终失败。因此，在管理中，要注重“短板”与“长板”的结合，致力于建立均衡型企业。

建立均衡型企业的关键是发展“短板”。因此，从一定意义上讲，企业管理就是对企业“短板”的管理。发展“短板”涉及发现“短板”，开发“短板”，使“短板”与组织协调发展，这也是让已有的企业资源发挥最佳效能的唯一途径。

对于“短板”的存在，企业的经营管理者要有正确的认识，世界上经营最好的企业也会有各种不足之处，因为企业发展的要求一定是超越经营现状的。在认识到企业经营管理“短板”客观存在的同时，关键是我们对待“短板”的态度。视而不见、放任自流或者过分夸大“短板”的危害等，这些态度都是不妥当的。在当前市场竞争日益激烈的环境中，企业的高层领导一定要有清醒的认识，要及时通过各种手段识别企业的“短板”，并采取一切可以采取的手段及时进行修补提升。

为了避免企业中存在的“短板”成为企业发展过程中的瓶颈，小公司一定要做好以下几个方面：首先，企业家要培养并且具备系统思考的能力，要科学制定企业的发展战略规划；其次，要保证组织结构的不断调整和创新，保证每一阶段的工作重点突出，各项职能能够实现协调发展；最后，还要善于借助外界的力量，帮助打破内部的部门壁垒，正确识别企业的“短板”所在，找到弥补和提升企业“短板”的正确方法和途径。

玩游戏不如做游戏——通过平台制定游戏规则

网络虚拟平台正在迅速改变整个世界，很多人看得云里雾里、头晕眼花，还有的人在虚拟平台上玩人家的游戏玩得兴高采烈、忘乎所以。要想在这个虚拟平台上有所作为、有所收获，那就不能只做看客和玩游戏的人，而是要成为游戏规则的制定者。你知道未来最庞大的产业是什么吗？就是制定标准。

苹果公司在 2014 年 6 月 2 日的苹果全球开发者大会上，推出了自有智能家居平台，并借助该平台大举进军物联网市场。这个平台可以连接一系列家用配件和电器，从而使 iPhone 成为一个能够控制电灯、安全系统和其他家电的遥控器。

苹果涉足智能家居看似无据可循，实则合情合理。苹果在智能领域中一直都是一股不可忽视的力量，具有革命性的 iPhone 智能手机是典型代表，但苹果还有很多对智能领域更进一步的动作。比如，令人期待已久的智能手表 iWatch 等智能穿戴设备、让 iPhone 与周边环境直接进行交互的 iBeacon 技术以及所招募的大量生物医疗行业的传感器技术人才等，都为苹果进军物联网智能家居行业埋下了伏笔。

单从目前报道内容来看，苹果的智能家居平台并不比国内行业领导者物联传感更出色。《金融时报》将苹果智能家居系统与 AirPlay、CarPlay 和 iBeacon 等系统进行了比较，称它可借助于低功耗蓝牙技术实现部分功能的自动化，而且下一代 iPhone 将整合近场通信技术。然而，蓝牙技术和 NFC 功能在智能家居领域并不是能够令人惊奇的技术，物联传感采用的 ZIGBEE 技术和已有的 NFC 功能不相上下，苹果的智能家居平台看起来没有特别突出的亮点。但是仅打造一个普通的智能家居平台，不符合苹果以往的做法，也不是苹果的风格。因为如果那样的话，苹果就将不再是苹果。

众所周知，对于智能家居行业来说，最大的问题是标准问题。而 ZIGBEE、Z－WAVE、蓝牙、WIFI 等不同的技术标准，所带来的最大问题是很多产品不能相互兼容，用户使用产品基本是捆绑式消费，在很大程度上带来使用上的不便。比如，一些其他品牌的家电设备不能接入到另一品牌的智能家居系统中，难以达到家居设备整体的操控和管理。不过，苹果似乎没有对众多企业所热衷的兼容性进行改善，倒更像是要制定智能家居游戏的规则。

从苹果的竞争对手的角度来说，苹果无疑是一个不折不扣的另类企业。在操作系统上，微软以开放性的姿态面向全世界的用户，苹果却一心打造属于自己的 OSX 操作系统；在智能手机上，三星从用户的需求出发生产符合不同兴趣的手机类型，苹果却执着自己的 iPhone；在智能穿戴上，谷歌眼镜早为人所知所用，苹果的 iWatch 却依然“犹抱琵琶半遮面”。与大多数企业相比，苹果确实更像是一个我行我素的企业，甚至根本不把用户的需求放在第一位。但是，它却把用户选择的盲目性利用到极致，凭借不断的创新和良好的用户体验，自己制定行业的游戏规则，引导用户消费。从前的苹果笔记本是，iPhone 是，iPad 是，iPod 是，现在的智能家居平台也是。

第三方智能家居硬件厂商的设备，要接入这个被认为能够简化智能家居设备的设置和控制的智能家居平台，需要得到与 Made for iPhone 相似的官方授权认证。换句话说，第三方厂商的设备要接入苹果智能家居生态圈就需要先对苹果智能家居平台“适应”，要按照苹果的规则来“玩”，否则一切可能免谈，而这也正符合苹果以往的封闭式的产品开发和发展战略。

值得一提的是，此前，SmartThings 发布了与苹果类似的智能家居平台，旨在提升消费者智能家庭体验，同时吸引大牌开发者入驻，为其平台开发应用软件和设备。但是该消息迅速被苹果智能家居所掩盖，不见声响，苹果在全球的影响力可见一斑。因而即便苹果目前没有自己的智能家居设备，但凭借其强大的创新力和影响力，由苹果智能家居所制定的游戏规则或将逐渐发出威力。

可见，制定游戏规则的人，才是商场上真正的主动者和赢家。不少有识之士已经认识到这一点，并且已经在实际的实验与实践过程中。

重塑产品价值模式——白酒企业的不对称营销战略

从2000年开始中国白酒行业逐渐重视营销面的竞争，通过10年的竞争整合，目前白酒行业的发展基本上可以分为三大层面：第一个层面是以茅台、五粮液为代表的“国名酒”层面，主要切割高端消费群；第二个层面是以洋河、古井、枝江等为代表的区域强势品牌，主要切割中端消费群；第三个层面是地方割据品牌，主要切割地方消费群和低端消费群。

对于国名酒层面，要想拓展更大的市场蓝海，必然要朝着品牌力下沉、产品力下沉、渠道下沉、渠道精细化等方向发展，以研发子品牌、建立灌装分厂、开地域专卖店等方式，实现与目标消费群的全面、有效对接。

对于区域性强势品牌层面，需要进一步夯实基础市场，同时逐步在全国市场布局，在外埠战场上需要采用抱团打天下的方式，形成板块效应。但区域强势品牌在高端消费层面上先机已失，必须加强高端品牌的形象塑造，去除“泥腿子”形象，给企业带来更广阔的发展空间，比如古井集团，这几年大力推广的“古井原浆酒”就取得了很好的效果。

对于地方割据品牌，必须以渠道细分来提高盈利能力，打造自己独特的、对手不可复制的核心竞争力。地方割据品牌必须转换偏安一隅的经营思路，走出去、被收购、倒闭只能三选一。

这10年间，白酒行业谈论较多的营销模式主要是“盘中盘”、直分销和系统营销，这些模式也帮助了一部分企业的成长，那么，它们各自的优劣表现在哪里呢？

“盘中盘”曾一度成为白酒行业谈论的焦点。“盘中盘”营销模式主要被中高端的白酒所采用，通过控制核心消费餐饮网点以影响中高端消费人群，以此辐射其他渠道，影响其他消费人群，达到拉动全盘市场销售的目的。

众多白酒企业对于“盘中盘”的营销模式的模仿跟进，使得市场竞争更加激励，“盘中盘”营销模式的市场效应迅速下降。“盘中盘”的营销模式，使得餐饮消费网点成为稀缺资源，通路的成本费用激增，市场投入产出严重不成比例，风险急剧增高，导致出现小盘畅销但大盘仍无法启动的现象，对于终端的持续投入成为企业不堪重负的黑洞。以至于出现有销量无利润，或者销量越大亏损越多的情形。“盘中盘”模式，可能使企业取得一时的、一地的成功，却无法成为支撑企业长期发展的独特核心竞争力。高投入的风险性营销模式，不是企业保持可持续发展的根本之策。

直分销模式是试图颠覆“盘中盘”模式的一个概念，直分销模式提出企业把分销代表派到重要的零售终端，协助分销商解决问题。然而直分销是个“混血儿”，没有有效的体系支撑。它既要求企业具备跨国公司直营后台支持系统，又需要大流通模式做费效比分摊，导致人力成本居高不下，管理难度空前提高。

直分销模式要求白酒企业有能够实现快速分销的能力和网络，同时又要求企业有足够的财力和人力去实现直销，这对于很多成长型的白酒企业来说，几乎是一项不可能完成的任务。直分销模式会带来很多管理上的弊病。最大的威胁就是辛辛苦苦培养起来的直销营销人转而成为分销组织或者经销商。直分销模式很可能是吞噬利润的绞杀机，迅速吞噬企业有限的利润，如果无法得到有效遏制，将成为企业的“滑铁卢”。直分销模式仍然是一个治标不治本的做法。直分销模式无非是告诉企业，在一级经销商竞争激烈的环境下去竞争二级及以下经销商，去竞争更低的终端。这种营销手段技术含量低，缺乏核心竞争力，非常容易被众多企业纷纷效仿。

系统营销要求企业在战略规划和指引下，实施满足竞争的多维度的管理，建立庞大的营销组织，制订成熟的业务模式与多个组织子系统协同作战，建立一个充分量化的营销系统，从而形成品牌全方位的竞争能力与竞争优势，进而实现战略目标。

系统营销模式是以牺牲企业强势竞争力来换取平均竞争力。系统营销需从原材料采购开始一直到消费者开瓶饮用，以至售后服务形成系统化的运作模式。然而中国白酒产业源远流长，长达五千年历史，形成了行业文化和饮用偏好，照搬的系统营销一定会成为企业发展的枷锁。

随着众多投资商的介入，白酒行业的竞争日益激烈，白酒行业已从高利行业转变成为微利行业，无论是盘中盘、直分销还是系统营销等，它们的弊端也日益显现，这些营销模式已经无法适应当今白酒行业的快速发展。白酒行业的蓝海之路必须靠新的营销模式来开拓，那就是不对称营销模式，它更多采用攻势策略快速启动市场，强化企业核心竞争力。

在三国时期有三个非常出名的以弱胜强的战争案例：袁绍对曹操发起的“官渡之战”，曹操对刘备和孙权发起的“赤壁之战”，刘备对孙权发起的“彝陵之战”，发起者都具有数倍敌军之力，强弱明显，如果从政治影响、军事力量、后勤保障、人力资源等各个对称竞争的角度，胜败似乎不用交锋就可判定，但胜利者却恰恰是少于敌军数倍之力，在各个对称竞争面都不占优势的弱者。这到底是什么原因呢？因为他们都不自觉地进行了不对称的竞争战略。

他们利用对手不能做的事情产生的弱点、做不了的事情产生的弱点、拥有强大实力后必然产生的弱点、统帅者的思想弱点、天地人文对其部署产生的弱点等进行不对称竞争战略部署，而在对手强势对称竞争面尽量规避，最终实现以弱胜强的佳绩。那么，我们能不能从这些战役中得到现代白酒企业以弱胜强的思想指导呢？

现今白酒企业竞争从战略上来说是“山头战役”，是一个又一个的攻坚战役，至今没有任何一个品牌能够一马平川、在任何区域市场都能旺销。也就是说，不管是第一层面的国名酒还是第二层面的区域强势品牌，有可能在某一区域市场是强势品牌，而在另一个区域市场就可能是弱势品牌。对于第三层面的地方割据品牌来说就更是如此。

首先，相对弱者要尽量避免与强大对手进行正面对称性的竞争，这是由挑战者和强大对手的资源实力差距所决定的。如果挑战者不采取避实击虚策略，而采取对称竞争，以硬碰硬，那么就会被资源和能力强大得多的竞争对手所重视和击败。对处于相对弱势地位者来说，生存发展的最佳方式就是摆脱有利于强大对手的对称竞争局势，积极创造更有利于自己生存和发展的不对称竞争局势。

其次，行业竞争在考虑自身优势进行不对称竞争战略布局时，同时必须考虑对手的变化性和其采用的应变策略，因为行业竞争不是自我竞争，不是和静止目标物竞争，对手随时有可能粉碎你的意图或者转化你的意图。在进行不对称竞争战略布局时最重要的是论证优势真伪和发展变化趋势，确保不对称竞争战略布局与自身优势结合的独有性。

所以，未来白酒企业在使用不对称营销战略时要从目标市场的人文不对称、认知不对称、情感不对称、资源不对称、渠道不对称、产品不对称、价格不对称、推广不对称这八个方面来寻求企业在目标市场的独特不对称优势，粉碎转化对手的对称优势，从而构建不对称营销战略。通过不对称营销战略的应用，可以快速拓展目标市场，建立和复制样板市场运作模板，不断加筑竞争壁垒，逐步扩大市场范围，实现企业良性运营。

未来白酒行业的竞争将更加理性，白酒行业要发现和创造更多的蓝海，必须依靠和系统导入不对称营销模式，充分考虑企业现状需要和未来发展需求，建立健全企业独特的、对手不可复制的竞争优势，发现和创造客户的新需求，使企业永续经营、持久盈利。

第七章　螳螂捕蝉，黄雀在后
——不对称动机商业模式中的陷阱战术

孙子曰：“拔人之城，而非攻也；毁人之国，而非久也，必以全争于天下，故兵不顿而利可全，此谋攻之法也。”中外许多成功的企业家，将《孙子兵法》中这段精华灵活地运用到市场竞争中去，成功地创造出一种兵不血刃的“陷阱战术”，从而在市场竞争的惊涛骇浪中，所向披靡，无往不胜。兵不血刃是战术，是谋略，更是为商之道，而“陷阱战术”很好地体现了兵不血刃的要义。

作为一个精明的企业家，必须像卓越的军事家一样，既要考虑如何战胜对手，又要千方百计地保存自己的实力。因此，用谋斗智对左右市场竞争局势具有至关重要的影响，这也是衡量企业领导者综合素质的一个主要标准。当然，无论用什么兵法，你想要在商场上成为胜利者，就必须不断地进行技术创新。

打倒对手的“偶像”——颠覆品牌代言人策略

在启动广告攻击战时，瞄准对手核心诉求的承载体动手，以“陷阱战术”颠覆其代言人形象往往非常有效。

高露洁牙膏曾经有一则广告，描述了一个小学生的牙科教授父亲，为孩子们推荐高露洁牙膏“用高露洁没有蛀牙”的产品效能。不久后，宝洁公司的佳洁士牙膏，就同样请了这个在高露洁牙膏的广告中饰演父亲的广告演员为佳洁士牙膏拍摄广告，情景同样是向孩子们推荐牙膏。不同的是，这回这位“牙科教授”推荐的牙膏是宝洁公司的佳洁士，佳洁士通过代言人颠覆的策略，对它的对手高露洁进行了重重的打击，效果斐然。

事实证明，在实施广告攻击时，采用颠覆对手形象代言人的方式值得一试。现在，让我们来看看第五季与康师傅冰红茶的对抗广告，为您展示的是一个完整的攻击代言人的范例。

大家一定很熟悉康师傅冰红茶的这则广告：身穿黄色赛车服的任贤齐骑着一辆山地车奔来，任贤齐的潇洒、时尚引来了沿途帅哥靓妹们羡慕的目光。

任贤齐冲着小店里卖饮料的漂亮小姐挤挤眼，漂亮小姐笑了，会意地拿出一瓶康师傅冰红茶扔给任贤齐，任贤齐潇洒地伸手接住冰红茶，一仰脖“咕咚咚”一饮而尽，随后出现了视觉冲击力很强的画面，一瓶康师傅冰红茶被扔进冰块堆里，标版广告语：康师傅冰红茶，冰力十足！

这的确是一条不错的广告。

康师傅冰红茶找了一个正确的产品形象代言人，任贤齐在时尚男女中的人气自不必说。而且，任贤齐在演艺界有着很健康的形象。因此，该广告成功地向它的目标消费群体传递了一种时尚、酷的生活态度——就连买一瓶冰红茶也可以这么酷！而这些，恰恰是他们所标榜的，而且可能在生活中就是这样表现的。

没想到，树大招风，一个对手的身影悄然逼近。有一天，电视中的任贤齐一身黄衣，正骑着一辆黄色的山地车潇洒地飞奔过来，一路留下了路人艳羡的目光。突然，任贤齐被狠狠地摔在地上，而且还被摆了一副很糗的造型，然后是五只怪手劈头盖脸地压来。

这是第五季向康师傅发起的一轮广告攻击波。也就是说，第五季拿康师傅冰红茶开刀，挑起广告攻击的"战火"了。

在第五季这条广告的前半段，足足花了15秒左右时间告诉消费者——看见了吗？这是冰红茶，那人是任贤齐。广告的关键时刻在中间的10秒钟，康师傅冰红茶广告里酷得不得了的任贤齐，竟然出人意料地接不住凌空飞来的暗器（第五季饮料），而且还糗态十足地摔在地上。后面的5秒标版则是定性：没料就不要耍酷！

"没料就不要耍酷"这句话是对任贤齐说的，更是对康师傅冰红茶说的，潜台词是：你本来就没有我时尚、酷，你还在那里耍什么酷？很明显，康师傅冰红茶的"冰力十足"在这时被现在"流行"的第五季发招打中了，不知帅哥"小齐"和康师傅的老板们对此做何感想？

说到第五季的攻击动机，其实很明显。通过第五季和康师傅在品牌形象塑造与传播策略的定位来看，无疑，第五季和康师傅是在争夺同一个顾客群体，其目标市场几乎是重叠的。

在康师傅冰红茶的广告“海滩篇”和“街头篇”中，康师傅锁定“新生代”消费群体，并延请了在新生代群体中，人气与风头正旺的台湾歌星任贤齐为产品形象代言人，而后又相继延请了苏有朋、梁咏琪为代言人，可谓是星光灿烂。

在广告传播的同时，康师傅又举行了“征集冰力群星”等公关推广活动，在“新生代”群体中持续提升了康师傅冰红茶的知名度和美誉度，建立和巩固了消费群体对冰红茶的忠诚度。

第五季上市后，康师傅首先在2006年世界杯期间投入3000万元人民币在中央电视台进行广告层面的高空轰炸，一夜之间就在国内一些主要城市蹿红，也在其目标消费群体中产生了一定的影响力。

第五季拿冰红茶开刀是为什么呢？其实，明眼人一看便知，第五季想要走捷径，快速占领消费者脑海，取得较大的市场份额，只靠自己一味地投资去打广告搞宣传，短期内是很难实现其目标的。怎么办呢？最好的办法当然是找到一个与自己的产品属性、品牌诉求和针对的目标消费群体基本相似的品牌，而且它还必须正在业内走强，人气、影响都是焦点的品牌。通过分析后，其矛头自然而然地指向康师傅冰红茶了。

想当年七喜汽水上市时，面对的是可口可乐和百事可乐两大巨头，想要从可乐堆里冒出头来简直就是天方夜谭。后来特劳特创造性地提出了“非可乐”的定位策略，在宣传中充分比附两乐最后得以从围城中冒出头来，成为排名在两乐之后的著名饮料品牌。

因此，以康师傅冰红茶当时的业绩，自然成为第五季借梯子爬楼的最佳工具。而且，第五季比当年的七喜做得更胆大，不但比附康师傅，而且直接实施了打击。

第五季实施的广告攻击战略是有效的，最起码在一段时间里，吸引了一大批消费者的目光，使得一批康师傅的消费者临阵倒戈，转向消费第五季。

第五季攻击康师傅冰红茶的核心点就是“到底谁最酷”，所以在广告表现中，就需要先把对手渲染“酷”的载体任贤齐给放倒。

那么，你是否想过，当你面对对手咄咄逼人的攻势时，你该怎么做？譬如，当你的对手请了一拨广告演员先摆出一副被疾病困扰的模样，而后吃了某药，便对消费者说“身体好了”、“再怎样也不累”等。此时你该怎样做？

其实这并不复杂，同样把他们请来（哪怕只请到一个也行），再次告诉消费者：“吃了很多药，效果都不怎么好”，可是吃了自己的药后，“现在好了！”如此，你想效果会怎样？

假如你的企业要向消费者推销一种单组分的保健产品，你该怎样有效攻击对手呢？君不见很多企业在诉求，如果缺钙、铁、锌、硒的话，就会怎么样不好吗？好吧，那么你就依然把这群人请来，用一个专家级的“意见领袖”身份告诉大家：“哪能什么都缺？这是不科学的说法，其实对于孩子们来说，只需专一进行补充就可以了。”这样一来，不也能有效地颠覆你的对手吗？

你也许会说，哪有那么容易？对手们肯定要跟他们签订不侵犯、不竞争条款的。是的，一定会的。但是市场竞争的铁律是什么？是无所不用其极，是巧妙的“不择手段”。请不到明星本人，你就请“模仿秀”嘛！现在，许多明星的“模仿秀”花较低的价格就能请到，你根本不用发愁。第五季的颠覆代言人不就是采用了这样的方法吗？操作的关键就要看你的颠覆性创意是否具有力度。

当然，当你确实不方便对比攻击你的对手时，你也可以采用凸显核心卖点、广泛打击的模糊对比策略。譬如，在立白洗洁精的广告中，王太太和张太太的效果就不一样，两位先生也是各有体验。最后一句话画龙点睛——“用立白吧！真的不伤手哎！”立即凸显了立白洗洁精的核心卖点，同时也在消费者心目中淡化了其他产品的优势。

绕开“竞争优势效应”——挤公交的冲突

竞争是21世纪的发展主题，如何构建企业竞争优势成了决定企业生死存亡的关键。没有竞争优势的企业，将无法立足于激烈竞争的市场，只有拥有持续竞争优势的企业，才能形成自己的核心竞争力，在殊死搏斗的市场中立于不败之地。

企业在寻找竞争优势的过程中，经过了产品、技术、质量、服务、战略、营销、品牌等阶段，今天终于找到了企业的持续竞争优势之源，那就是人才力。只有人才力才能构建企业的持续竞争优势！

竞争是一种与生俱来的品质。没有它，也许人类的进取心就会小很多；没有它，也许便没有了嫉妒、仇恨，但也可能没有了效率、成绩。要生存就要有竞争，但我们要懂得避开“竞争优势效应”。

我们大概都经历过这样的场景：在上公共汽车时，明明知道依次上车会更快，可是当一看到车进站后众人仍会情不自禁地蜂拥而上，结果上车速度反而下降。理性上大家都明白这个道理，但是一旦行动起来，理性却被不知不觉地抛到了脑后。其实，这种现象用心理学的话来说，就是“竞争优势效应”。

社会心理学家认为，人们与生俱来有一种竞争的天性，每个人都希望自己比别人强，每个人都不能容忍对手比自己强，因此，人们在面对利益冲突的时候，往往会选择竞争，拼个两败俱伤也在所不惜；就是在双方有共同利益的时候，人们也往往会优先选择竞争，而不是选择对双方都有利的“合作”。这种现象被心理学家称为“竞争优势效应”。

有一个笑话就是这样说的：有一天，上帝向一个人允诺说：“我可以满足你的三个愿望，但有一个条件，你在得到你所想要的东西的时候，你的敌人将得到你所得到的两倍。”于是这人开始提出自己的愿望，第一个愿望、第二个愿望都是一大笔财产，第三个愿望却是“将我打个半死”。这个笑话就是比喻人的竞争意识有多么强烈，拼着自己挨皮肉之苦，也要给敌人更大的苦头。

现实生活中的确有类似这样的情况。一对美国夫妻离异，根据法官的判决，丈夫应该把自己财产的一半转让给妻子，因此，丈夫开始出售自己的车、房。为了不让妻子平白无故地得到一大笔财产，丈夫将自己价值几百万美元的车子和房子以 10 美元的“天价”贱售，妻子固然没有得利，丈夫也损失了一大笔。

这就是在人们相互怀有仇恨的时候，宁可自己吃亏，也不让对方占便宜的极端的竞争心理在起作用。但同时我们也看到了，这种恶性的竞争对自身的损害是多么大。

在现代企业里，我们都在传递给员工一种双赢的理念：企业是我们共同成长的平台，我们都应该像收到礼物一样心怀感恩、倍加珍惜，因为企业和员工永远是合则两利，分则两伤。因此，要想建立起好的关系，就应当是互利的，要解决好彼此间的分歧，双方都应采取理性行为、相互理解对方的观点、保持通畅的交流渠道、彼此值得信赖、不试图强制对方，要将自身的目的和对方的利益相结合。

有一位教授在向学生讲授一堂领导心理课程。在课堂上，这位管理学教授给其中4个同学出了一道题目，上面写着："现在由你来领导本班，让大家全部自动走到教室外面。切记，一定要让大家心甘情愿！"

第一个同学不知道怎么办才好，无奈地回到座位。

第二个同学对全班同学说："教授要我命令你们都出去，听到没有？"全班没有一个人走到教室外面。

第三个同学想了想后，说："大家听着，现在教室要打扫，请各位离开！"但仍然有一部分人留在教室内，等待分配打扫的工作。

第四个同学看了纸片上的题目一眼后，笑着对大家说："各位同学，午餐时间到了，现在下课！"不到几秒钟，整间教室的人都走光了。

领导的目的是什么？就是让员工帮自己把自己不能完成的事做成，这就要求领导者也要让员工得到应有的利益，否则员工怎么能心甘情愿地给你做事。

要消除"竞争优势效应"的负面作用，就要推崇"共赢"理论。从情感的角度讲，老板和员工之间存在亲情和友谊；从商业的角度讲，老板和员工之间存在合作共赢的关系。双方有着共同的利益、共同的目标，双方共谋发展，同时也要利益共享。

唐骏在空降盛大后，用自己的才能弥补了盛大的不足，用自己的经验帮助盛大走上成熟规范的发展道路；同时，盛大给了唐骏一方宽松、自由的平台，使其拥有如鱼得水的空间，并感受到上下一致的信任。4年的时间，对于职业经理人唐骏来说是一种资本、历练和收获。唐骏用4年时间，把盛大从一个标准的民营企业转变为一个开放的上市公司；盛大的舞台，也给予了唐骏极大的工作空间，帮助唐骏实现了梦想。

合作，是集体的主旋律，合作也为我们每一个人营造了一个发展的空间。心理学家荣格就为我们列出了一个公式：“我 + 我们 = 完整的我”。只有融入我们的“我”，与周围的人友好相处，精诚合作，实现优势互补，才能在竞争中共同发展。

“变色龙”智慧——好耶公司的应变策略

任何一家企业都无法脱离其生存与发展的环境，环境是企业赖以生存的条件。小公司要生存、发展，要把企业做强，就要像“变色龙”一样随着环境的温度、光线、颜色的变化而变化，主动地适应周围的环境。

2000 年，好耶只不过是一家刚刚成立的小公司。5 年后，好耶已经取代 DoubleClick，坐上了中国网络广告技术市场的头把交椅，而且还连续 3 年在网络广告代理的市场上排名第一，年销售额过亿元。

2000 年 3 月，大学刚毕业的王建岗和 3 位同学凭着中国第一套商业化网络广告管理系统 AdForward 获得了著名风险投资商 IDG 的投资，于是成立了好耶信息技术（上海）有限公司。为了将产品更快地推入市场，王建岗决定聘请 DELL 中国公司华东区总经理王定标、具有多年传统广告业背景的朱海龙等职业经理人出任好耶的管理层。

当时网络广告投放管理软件的市场上强敌环伺，DoubleClick、Engage、Realmedia、DMC 等境外的业内巨头、竞争对手共有 19 家之多。那时在技术上，好耶不如那些跨国公司。但他们也有自己的优势，那就是价格低，然后他们再以本地化服务弥补技术上的不足。

本地化服务是好耶当年赖以生存的第一道防线。跨国公司在中国主要都是销售人员，服务器都在海外，工程师也远在海外，在传送上会有延迟，一旦有问题，响应也会不及时。跨国公司一般承诺在软件出问题之后，服务人员最快6个小时内到达，这对网站客户来说几乎是不能容忍的，而朱海龙向客户表示，好耶可以保证24小时内随叫随到，随时解决问题。

此外，把技术语言通俗化，和客户建立更顺畅的沟通，也是好耶非常注重的。为争取客户，好耶以灵活的个性化订制服务战胜竞争对手。好耶是业内第一家根据客户需要提供订制服务的。相比之下，好耶竞争对手跨国公司的服务政策就很不灵活，几乎客户的每一个新要求都要报备总部，等待批示。

互联网时代，每家网站都有各自不同的要求，比如在服务界面上有不同的偏爱风格，或者要求在指定时间内必须看到广告点击效果的报表，等等。虽然个性化服务会大大增加好耶的工作量，但他们总是尽量满足客户的要求。朱海龙还给好耶立下一条客户服务原则：永远不让客户等待，不允许任何事情在好耶被耽误。

大概只有曾迫于竞争压力，时刻在生死线上挣扎的新生企业，才真正了解“客户至上”的真谛。便捷、灵活、高效，能够适应各种客户不同需求的服务，吸引了众多的竞争对手的客户改换好耶作为供应商。而在此期间，王建岗也带领技术部门将AdForward系统逐渐升级换代，其功能不逊色于任何一家跨国企业。

适应市场变化，随时准备寻找新的市场机会，也是好耶成功的因素之一。2000年初，好耶只是一家纯粹的网络技术公司，在网络经济大热的时期，每个月推出几十套产品不成问题。然而随着2000年夏天纳斯达克网络泡沫的破灭，与许多互联网企业一样，好耶也走到了崩溃的边缘。

好耶的许多网站客户因业务下滑没有现金支付技术费用，就以一大堆广告库存资源作为交换。最多的时候，好耶手里曾换来价值3000万元的虚拟广告库存，这迫使好耶必须想方设法把这些虚拟广告库存变成能够支撑正常运营的现金。

为了适应市场竞争环境的变化，好耶极力推销网络广告。在推销网络广告时，好耶又发现手上的现有资源不一定是广告主的投放意向，必须为他们设计个性化的媒介计划。于是，为了有效地推销网络广告，好耶成立了媒介部门、执行部门和媒介销售部门，把业务领域由网站主延伸到了广告主。

2000年12月，好耶成立了诠释广告公司，专营网络广告和营销业务。于是，好耶公司形成了技术、营销两条腿走路的新模式。这种商业模式就是：一方面通过提供广告平台系统获利，聚集人脉；另一方面做客户的网络广告全程代理，形成双管齐下的局面。

在朱海龙看来，小公司在逆境中被迫或主动调整业务发展的方向，是很普遍的做法。而如果你的目标不仅是维持生存，还有持续发展、把企业做强的话，就一定要围绕着共同的核心寻找新的市场机会，做出一些适应市场环境的变化，前提是坚持已有的主业，不能盲目进入新行业。即使在最难的时候，好耶也始终没有丧失发展互联网广告技术的信念，这也是公司调整业务方向的底线。

好耶在调动外部资源为我所用方面，显示了小公司适应环境变化的灵活性。比如，它注意到4A公司早期对互联网广告了解不多，这个市场也还没有大到足够引起他们的注意。为此，好耶专门成立了一个被朱海龙戏称为“祥林嫂小组”的四人小分队，专攻4A公司，反复强调“互联网广告能带来什么”、“好耶能为你们做什么”。整整一年的攻坚战之后，越来越多的4A广告公司开始把好耶作为自身传统广告业务的一个支撑。

从2001年起，好耶连续3年在网络广告代理行业获得销售额第一名的成绩，新业务让它在互联网的寒冬时期重新找到了市场利润的增长点，获得了最宝贵的现金流，同时也在市场上赢得了更多的声誉和影响力，为日后技术产品的竞争打下了坚实的基础。网络技术和广告业务两者实现了互相补充、互相促进。

许多更有国际背景、更有资金优势的竞争对手在这一阶段由于没有能够跟上环境的变化，而丧失了发展的机遇，他们不是被削弱，就是被市场淘汰，全球最大的 DoubleClick 也几乎完全退出了中国市场。而好耶的善于变通使它得以存活下来，并在北京和深圳先后开设了分公司，逐渐奠定了其在行业内的领先地位。

为了给更多的客户提供更完善、更到位的技术服务，2004 年好耶推出智易营销连锁网，这是中国第一个为广告主提供效果营销的网络平台。这个平台就像一个大超市，供选择的商品是广告主各类型的网络广告，而网站主则在其中挑选那些和自身受众定位吻合，并可能获得较高点击率的广告，放在自己的页面上，只有当受众点击广告，并发生购买或注册行为后，广告主才需要向网站主付费。同时，好耶作为平台的提供者和管理者，将收取一定比例的费用。

2005 年，好耶的新增业务是通过与微软合作获得了 MSN 在中国的独家代理权。从技术到广告，微软所有跟 MSN 广告有关的业务都要通过好耶来开展。好耶终于由一家小公司成长为在激烈的市场竞争中傲视群雄的强者。

在任何时候，当经营环境发生改变后，企业也必须随之改变，只有这样才能适应改变后的新环境，企业也才能因此获得生存和发展。当环境改变时，好耶做到了如下两点：一是有意识地、自觉地随着环境的变化而改变自己，重新给自己定位，改变自己原有的角色；二是经受住了回到传统广告业的诱惑，给自己做出了正确的定位，因此也正确地实现了角色转换。正是这两点使好耶不仅转危为安、化险为夷，而且获得了很大的发展。

好耶的做法很值得小企业学习。只有做一只能够巧妙应对环境变化的“变色龙”，小公司才能经受住风浪的冲击而在商海上自由地游弋。

随着环境的变化而改变自己，或许一般的小公司都能够做到。但是，有的小公司只知道变化，却忘记了怎样给自己进行准确的市场定位，甚至成了“见风使舵”。过犹不及，有个风吹草动就随之调整自己的方向也是不对的，因为有些时候只是企业的经营环境发生了表面上的变化，其本质并没有发生改变。许多小公司在第二点上难以做好，这是许多小公司在遇到环境改变时失败的最主要原因。

各个小公司面临的情况是千差万别的，到底应该向哪个方向转变，怎样转变，要根据企业自身的情况而定。人们把环境改变时企业的调整归纳为三种类型：

一是改变自己的产品。如改变产品样式、增加产品功能等，这是最常见的一种。捷安特不断地开发新款自行车，满足客户的特殊需要，如减轻车身的重量，提高自行车的性能，增加产品价值，使产品更加环保。

二是围绕着现有的业务，并以之为核心进行业务的延伸。海尔集团即是其中成功的典范。从生产电冰箱一种产品开始，经过多轮兼并组合，“海尔家族”到2000年时已拥有包括电冰箱、洗衣机、空调、彩电、电脑、微波炉等在内的58大门类9200多个规格品种的家电群，几乎覆盖了所有家电产品。

三是抛开现有业务，寻求新的业务，甚至走出原有行业。走出原有行业，谋求更高发展的最为经典的例子就是诺基亚。创建于1865年的诺基亚最初只是生产纸浆和纸张的小作坊。在其后的130年间，诺基亚成为橡胶公司的代名词。1982 年，诺基亚开始进入通信行业并成为手机行业的主导者之一。诺基亚的成功经验就在于利用已有的资源将原有核心业务进行转化、替代，在一个恰当的时机进入一个新兴的成长性行业，使企业在各种竞争要素飞速变化的环境中仍旧立于不败之地。

世界著名的未来学家约翰·奈斯比特有一句名言："要经常问自己，我的企业是干什么的？"企业存在和生长的唯一条件就是满足市场与客户的需求。任何一家企业都必须时时处处关注市场和客户需求的变化，随需而变。若稍有松懈，便会失去市场。当经营环境改变时，小公司必须随之而变，这是小公司在此种情况下唯一的生存与发展之道。

创造局部优势——小公司的不对称竞争策略

由于小公司自身能够拥有和支配的资源十分有限，因此与其在整体市场与竞争强手短兵相接，不如在某一些区域市场发挥自己的优势；与其在广大市场范围内占有极小的份额，不如在某几个区域市场内提高市场占有率。

市场就其本质特性而言，有相似性与差异性之别；就其空间分布而论，有整体市场与区域市场之分。因此，小公司选择适合自己的区域市场，可以参考中国共产党当年的“星星之火可以燎原”、“农村包围城市”等一系列具有浓厚的中国特色的革命战略。“创造局部优势”，这便是中国革命的成功之道，小公司决胜市场的道理更是如此！

分析一些小公司营销失败的案例，我们就会发现：很多企业在尚未建立起自己赖以生存的根据地前，就去拓展整体市场。其市场营销缺乏战略规划和具体可行的措施方法，随意性、盲目性很强。其主要表现是，哪儿能销就往哪儿销，能销多少是多少；广泛撒网，遍地播种，力求种的面积广，得到的收成多。

市场经济实质上就是竞争经济。作为市场主体的企业，尤其是综合实力较弱的小公司，要想在强手如林、产品同质趋势明显的市场竞争中求得稳健发展，必须首先建立起赖以生存的根据地，即明确而稳定的区域市场，必须在有限的空间内创造局部优势。

小公司要想成功地建立明确而稳定的区域市场，必须了解区域市场的基本特征，并建立这样的认识：不是所有区域市场都适合本企业的发展；不是所有的区域市场企业都可以随意进入，或需要立即进入，或需要全力进入；不同的区域市场有着大小之别，企业进入之前要注意本身的营销资源能否与之适应；不同的区域市场存在着市场特性与消费特性的不同，也就需要与之相适应的营销方式、营销策略。

有了以上认识，还要对整体市场进行划分归类，找出其差异性，归纳出相似性，为最终选择提供正确可靠的依据。区域市场划分的方式有以下几种：

一是以市场特性相似或相近的地区为依据，可划分为东北市场、北方市场、南方市场、沿海市场。

二是以距企业所在地的远近为依据，可划分为本地市场，即以企业所在省（市）为中心的市场区域；外地市场，即企业所在省（市）以外的市场区域。

三是以城市规模大小为依据，可划分为顶级市场（如上海、广州、重庆、北京等）、一级市场（其他省会城市、直辖市和个别特殊的地级城市）、二级市场（地级城市）、三级市场（县级城市）。

小公司要根据自己的营销资源能否与区域市场的条件相适配，来选择并且定位一些适合自己的区域市场。只有当区域市场的以下要素与企业营销资源相适配的时候，小公司才能够将其作为自己的区域市场：市场容量大，具有市场潜力（人口总量、购买力、需求程度等）；竞争态势十分明朗（产品有竞争力、竞争环境良好等）；具有区位优势（经济基础结构适宜、市场发育较好等）。

小公司在选择目标区域市场的时候，必须遵守以下原则：

一是只选择产品能适销对路，并可占到满意份额的区域，即能够实现市场份额的最大化。该区域能使企业的投入与产出成正比，产生较好的经济效益和社会效益。

二是选择一个以上目标市场或进行成功复制时，选择市场条件相似的区域。

三是优先选择就近就便的区域。

四是应充分考虑企业当前的产品特性、资金储备、营销队伍的素质等实际情况，做到量力而行。

小公司在进行区域市场定位的时候，可以采取以下方式：

一是把产品可能适销对路的区域定位为准入市场，作为候选对象以供最后选定。

二是把企业现阶段可能涉及的准入市场定位为首选市场。

三是从首选市场中挑选出可能创造局部优势的区域定位为重点市场，准备全力开拓。

四是把重点市场以及能够通过重点市场的辐射作用带动的区域，分别定位为中心市场及周边市场，并且要充分发挥中心市场的优势，进一步拓展周边市场。

五是将上述市场之外的区域定位为次要市场。在这一市场，企业只是有针对性地培育市场，选择客户。

最后，小公司要在区域市场定位的基础上形成明晰的区域市场推广的战略方针，以指导企业的营销工作，扩大市场影响力。

游击战术和四面出击是企业的管理者急功近利或贪大求全的思想在营销行为中的体现，这对小公司的长期发展是有害的。因此，小公司必须在有限的空间内创造局部优势，赢得较大市场份额，从而有效抵御竞争攻势，只有这样才能够保存并壮大自己的市场。

参考文献

1. 曹艳秋：《转轨、信息不对称与规制效率》，经济科学出版社 2011 年版。

2. 马永：《不对称信息、控制权与企业融资》，中国金融出版社 2008 年版。

3. ［瑞士］亚历山大·奥斯特瓦德、伊夫·皮尼厄：《商业模式新生代》，王帅、毛心宇、严威译，机械工业出版社 2011 年版。

4. 林伟贤：《最佳商业模式》，北京联合出版公司 2011 年版。

5. 吴振海：《不对称创新：挑战者的成功之道》，北京师范大学出版社 2007 年版。

6. 陈威如、余卓轩：《平台战略：正在席卷全球的商业模式革命》，中信出版社 2013 年版。

7. ［美］迪克西特、［美］奈尔伯夫：《策略思维》，王尔山译，中国人民大学出版社 2013 年版。

8. ［美］约翰·S. 戈登：《伟大的博弈》，祁斌译，中信出版社 2011 年版。

9. ［英］马凯斯：《攻略——商业模式创新路线图》，姜艳丽译，东方出版社 2010 年版。

10. ［德］莱因贝格：《动机心理学》，王晚蕾译，上海社会科学院出版社 2012 年版。

图书在版编目（CIP）数据

不对称动机商业模式：演化博弈系统/王靖飞著．—北京：经济管理出版社，2014.10
ISBN 978－7－5096－3384－7

Ⅰ.①不… Ⅱ.①王… Ⅲ.①零售—商业模式—研究 Ⅳ.①F713.32

中国版本图书馆 CIP 数据核字（2014）第 217584 号

组稿编辑：张　艳
责任编辑：李玉敏
责任印制：黄章平
责任校对：超　凡

出版发行：经济管理出版社
（北京市海淀区北蜂窝 8 号中雅大厦 A 座 11 层　100038）
网　　址：www. E－mp. com. cn
电　　话：（010）51915602
印　　刷：三河市海波印务有限公司
经　　销：新华书店
开　　本：720mm×1000mm/16
印　　张：12.75
字　　数：155 千字
版　　次：2014 年 10 月第 1 版　2014 年 10 月第 1 次印刷
书　　号：ISBN 978－7－5096－3384－7
定　　价：35.00 元